Director:
Josep Muntañola Thornberg

Co-dirección:
Magda Saura Carulla

Coordinación editorial:
Bárbara García Belmonte

Colaboran en este número:
Josep Muntañola
Doctor Arquitecto
ETSAB

Rita Messori
Filosofa
Università di Triestre

Ines Zaikova
Traducción de interview
Victor Duvakin / Mijail Bajtín

Portada:
Foto: Sea Ranch (arquitectes: Charles Moore,
Donlyn Lyndon, Lawrence Halprin, William Turnbull,
J. Escherik)
Dibuix: Casa "Sea-Ranch"
(arquitecte J. Escherik)

ARQUITECTONICS
MIND, LAND & SOCIETY

13

I0157399

Edición:
Edicions UPC,
Edicions de la Universitat Politècnica de Catalurva, SL
Jordi Girona Salgado 31, Edifici Torre Girona, D-203,
08034 Barcelona
Tel.: 934 015 885   Fax: 934 054 101
Edicions Virtuals: www.edicionsupc.es
E-mail: edicions-upc@upc.edu
ISBN B-978-84-8301-843-9
ISSN: 1579-4431
Depósito legal: B-24443-2006
Producción: LIGHTNING SOURCE

Correspondencia y suscripciones:
Equipo d'Investigació. Factors Socials i Històrics
de la Arquitectura. GIRAS
Web: www.arquitectonics.com
e-mail: newsletter@pa.upc.es
Escuela Tècnica Superior d'Arquitectura de Barcelona.
Universitat Politècnica de Catalunya. UPC.
Avda. Diagonal, 649, 6è. 08028 Barcelona.
Tel.: 93 401 58 72 Fax: 93 401 63 93

Primera edición: mayo de 2006
Reimpresión: junio de 2010

Colaboran en este número:

Josep Muntañola
Doctor Arquitecto
ETSAB

Rita Messori
Filosofa
Università degli Studi di Trieste

Traducción de la entrevista
Victor Duvakin / Mijaíl Bajtín

ARQUITECTONICS
MIND, LAND & SOCIETY

Arquitectura
y dialogía

Introducción

En este número monográfico de *Arquitectonics* sobre «Arquitectura y dialogía», hemos agrupado una serie de trabajos que se aproximan a un análisis de la compleja dimensión dialógica de la arquitectura.

En primer lugar, un texto inédito en castellano de Bajtín, como siempre de enorme intensidad intelectual, aunque fuera su último «diálogo», ya muy cerca de su muerte.

En segundo lugar, textos de Rita Messori, y míos, sobre a extraordinaria riqueza dialógica y hermenéutica del espacio construido, riqueza todavía por descubrir.

En tercer lugar, una serie de referencias a tesis doctorales leídas, y en su gran mayoría publicadas, que empiezan a explorar este inmenso bosque de la naturaleza dialógica del espacio humano que, a buen seguro, nos ofrecerá sorpresas en los próximos años.

In this monographic edition of Arquitectonics *on Architecture and Dialogy, we have grouped a series of works that approach an analysis of the complex dialogical dimension of architecture.*

Firstly, an unpublished text in Spanish by Bakhtin, which, as always, is of great intellectual intensity although it was his last «dialogue,» written shortly before his death.

Secondly, texts by Rita Messori and myself on the extraordinary dialogical and hermeneutic richness of built space, a richness that is still to be uncovered.

Thirdly, some references to defended doctoral theses, most of them published, that begin to explore this immense field of dialogical nature of human space that, surely, will give us surprises in years to come.

Introducción al texto de la entrevista a Bajtín pocos años antes de su muerte, por Víctor Duvákin*

Introduction to the text of the interview with Bakhtin a few years before his Death by Victor Duvákin*

Josep Muntañola

This text is one of the passionate dialogical sessions with Mikhail Bakhtin shortly before his death by the also now deceased professor Victor Duvákin.

Bakhtin's portrayal of Malévič is of great interest, as it is very different from the view the outside world had of the Russian revolution and its society. It is a view Bakhtin is sarcastic about when pointing out how Americans ignored the position of Malévič's architectural objects, even though that was not so serious, as they were the result of a universal view of arts, without boundaries between painting, sculpture and architecture, and because, moreover, they were immersed in a kind of mysticism that, as Bakhtin hastens to add, was never false or hypocritical.

The text should always be understood in the light of the elderly Bakhtin, but with his most elegant and intense proverbial sense of criticism, in perfect shape. He always makes an effort in »communicating« a precise picture of the period, the atmosphere of each moment. The text is, despite its apparent journalistic routine, of enormous depth and not at all superficial. We must pay attention to the way Bakhtin constantly corrects his interlocutor and obliges him to be more precise, kinder and, in short, more intelligent. It is delightful.

Este texto es parte de una de las apasionantes sesiones de diálogo que el profesor Víctor Duvákin sostuvo con Mijaíl Bajtín poco antes de su muerte.

El retrato que Bajtín hace de Malévic es de gran interés, ya que difiere mucho de la visión desde fuera de la revolución rusa y su mundo, sobre la cual Bajtín ironiza al indicar cómo los americanos ignoraron la posición de los objetos arquitectónicos de Malévic, aunque ello no era grave, ya que eran fruto de una visión universal del arte, sin fronteras entre pintura, escultura y arquitectura, y, además, estaban sumergidos en un misticismo que –se apresura a añadir Bajtín– nunca fue falso o hipócrita.

Siempre hay que entender el texto desde la perspectiva de un Bajtín de edad avanzada, pero con su proverbial sentido de la crítica más elegante y más agudo, en plena forma. Así, se esfuerza siempre en «comunicar» el tono justo de la época, la atmósfera de cada momento. Bajo la aparente cotidianeidad periodística, el texto es de enorme profundidad, nada superficial. Hay que fijarse cómo Bajtín corrige constantemente a su interlocutor y le obliga a ser más preciso, más amable y, en suma, más inteligente. Una delicia.

POÉTICA Y CULTURA (entrevista a Mijaíl Bajtín)

Víctor Duvákin

D: (Víctor Duvákin): Volvamos a la grabadora y a nuestra filología. Pasaron, pues, las revoluciones de febrero y octubre... Y llegó, en el año 1918... bueno, por un lado, el hambre en Petrogrado[1] y, por el otro, el período «cafetero» de la poesía rusa.

B: (Mijaíl Bajtín): *¿Y por qué «cafetero»?*

D: Porque la poesía dejó de ser patrimonio de las revistas y pasó a ser...

B: *¡Ah, sí! Patrimonio de los cafés, sí, sí, sí.*

D: Y usted esta época tan singular ¿la vivió personalmente o, debido a su academismo tan sólido, no se rebajaba hasta [los cafés]?

B: *No me rebajaba, por supuesto. A propósito, conocía esa forma aun antes –aunque algo diferente, por supuesto –de la Revolución. Es «El perro vagabundo».*

D: ¿Usted frecuentaba «El perro vagabundo»?

B: *Llegué a frecuentar «El perro vagabundo», sí, pero sólo en calidad de invitado: yo, digamos, no conocía muy de cerca...*

D: ¿En calidad de «farmacéutico»...

B: *Eso, eso.*

D: ... como lo solían llamar?

B: *Sí. Y también en «El alto de los comediantes»?*

D: Qué es lo que usted recuerda de «El perro vagabundo» y «El alto de los comediantes»? Sería muy interesante para mí escuchar sobre ello... Oí la voz de los «ultrabohemios», y, allí les llamaban (no a usted personalmente, sino a las personas como usted) «farmacéuticos»...

B: *Ya, así que al final yo era un «farmacéutico». Por eso iba allí muy pocas veces.*

D: ¿A quién llegó a escuchar allí?

B: *A toda clase –diría yo– de porquería poética. El único, creo, a quien escuché... un poeta excelente... fue Kuzmín.*[2]

D: ¿Fue en «El perro vagabundo»?

B: *Lo escuché en «El perro vagabundo», sí.*

D: ¿Aun durante la guerra?

B: *O fue en «El alto de los comediantes», ahora ya no me acuerdo. Lo escuché, probablemente, en los dos sitios.*

D: Tanto «El perro vagabundo» como «El alto de los comediantes» estaba en Petersburgo.

B: *En Petersburgo, sí.*

D: Y en Moscú hablaríamos ya de «Pintoresco», «El café de los poetas»..., es otra cosa.

B: *Allí... No, yo... Una vez estuve en la avenida Nevski. Allí había un «Café de los poetas». Una vez estuve allí. Estaban allí sentados unos tipos barbudos con esos gorritos franceses, al estilo de los poetas franceses. A mí todo aquello no me gustó: poco serio.*

D: ¿Se acuerda usted de Rukavíshnikov?[3]

B: *De Rukavíshnikov sí me acuerdo, lo conocía.*

D: Él también por su tono parecía un científico, aunque no muy docto. Pero aun así, como Shengueli...

B: *Pues, Shengueli sí...*

D: Guéorgui Arkádievich [Shengueli] tampoco perdía ocasión para subir al estrado a declamar.

B: *Sí, pero ¿qué clase de poeta era?*

D: Un poeta nulo.

B: *De hecho, era malo incluso como traductor. Y como científico también resultó ser malo.*

D: ¿Es también en ese ambiente donde terminó de formarse Esenin?[4]

B: *¿Esenin? (Pensativo) Sí, sí... terminó de formarse... Aquí tampoco está todo claro con Esenin. Es precisamente Kózhinov quien se interesa por esta cuestión. Resulta que Esenin... Suelen representarlo así: un campesino ruso primitivo e ingenuo llega a Moscú, Leningrado, y todo ese ambiente más bien lo corrompe; lo convierte, digamos, en un borracho, en un libertino, etc., etc.*

Y yo oí la versión de Kózhinov,[5] completamente diferente: que él [Esenin] ya había comulgado con la cultura antes de llegar allí, antes de llegar a la capital; que tenía amigos [en la capital] con los que mantenía correspondencia, etc. Y él –hay que decirlo– ya había formado sus puntos de vista antes de que empezaran a influenciarle. De modo que los representantes de la bohemia lo empujaron a cambiar su anterior forma de pensar, más seria, y su poética.

D: Más serios eran los salones de los simbolistas, los de Merezhkovski[6] y Guíppius[7].

B: *Merezhkovski y Guíppius, sí, en parte. Y luego había una persona cuyo nombre no ha trascendido... Mejor dicho, Kózhinov lo ha revelado; encontró quien era. Era... ahora lo diré... ¡Debo acordarme! En las memorias de Marina Tsvetáyeva[8] se menciona su visita a una casa donde oyó declamar a Kuzmín. ¿Recuerda usted?*

D: ¿En la prosa de Tsvetáyeva?

B: *Sí, de Marina, Marina Tsvetáyeva. Allí describe esa casa, donde estuvieron. El dueño de esa casa, un hombre muy anglófilo, fue el famoso constructor de un no menos famoso acorazado (pero su apellido no se menciona). Uno de sus dos hijos era poeta... O era el hijo y su amigo... Uno de ellos era poeta. Ese poeta conocía bien a Esenin y ejercía una enorme influencia sobre él. Pero quién era ese poeta... Marina Tsvetáyeva no lo nombra.*

D: ¿Y Kózhinov lo averiguó?

B: *Kózhinov lo averiguó, sí.*

D: Habrá que preguntarle. El problema es que ahora no me llama.

B: *Hay que decir que siguió con sus investigaciones en esta dirección. Por cierto, por aquí cerca vive Ryúrik Ívnev.[9]*

D: Lo grabé.

B: *¿Usted lo grabó? Pero él no se acuerda. Formaba parte justamente de ese círculo de Esenin, pero no se acuerda. Es que ahora tiene más de ochenta años. [...] El único interés que tiene es que, al parecer, es el último superviviente de ese círculo «eseniniano».*

D: Bueno, también están allí los artistas...

B: *Sí, había también artistas...*

D: Está un tal... Komardénkov...[10] Lo grabé también. Es el ayudante de Yakúlov.

B: *¿No grabó usted a Kruchónykh?*

D: Éste ya murió. Era muy miedoso. No sé a qué tenía miedo. Era tremendamente aprensivo.

B: *Le conocí ya al final de su vida, bueno, no del todo... Sí, le vi por última vez hace unos veinte años...*

D: Entonces, ¿llegó usted a codearse con los futuristas?

B: *Sí, pero él [Kruchónykh] me asombró entonces... Tenía sesenta años ya...*

D: Es que era muy juvenil.

B: *¡Sorprendentemente juvenil, sí! Bajito y vivaz, ¡extraordinariamente vivaz! Y muy buen conversador. Me comentó los trabajos de un amigo suyo que estudiaba los nombres propios en la obra de Dostoievski. Me contaba cosas sumamente interesantes.*

D: En general, no era un científico, pero sí una persona con un gran talento para la filología.

B: *Sí, sí, sin duda. Por ejemplo, ese análisis de los nombres propios: no era de su cosecha, pero lo supo transmitir de forma muy convincente.*

D: Me parece que, por el conjunto de sus ideas, usted no debe estar tajantemente en contra del lenguaje [poético] muy alambicado.

B: *No lo rechazo. No, no, no estoy en contra.*

D: Es que usted mencionó en sus recuerdos que todos los que...

B: *Sí, en mis recuerdos. Está claro que subestimábamos...*

D: ...dijo que no había nada interesante...

B: *Sí, sí, es decir... no es que no había nada interesante, es que... era...*

D: Una estafa.

B: *Sí, la plebe,*[11] *exactamente.*

D: Una estafa, un *bluff.*

B: *Un bluff, y plebe. Sí, eso es. No, no lo rechazo en absoluto. En general, considero a Jlébnikov*[12] *un poeta extraordinario, excelente.*

D: Entonces, su opinión general de Jlébnikov ha cambiado. Ahora es...

B: *Ya lo era... Yo destacaba a Jlébnikov ya en aquella época, y luego más todavía...*

D: ¿Y qué es lo que le parece interesante en Jlébnikov?

B: *Todo. Incluso su forma o estilo de pensar me interesa. En realidad, era una persona profundamente carnavalesca. Profundamente. Su cualidad carnavalesca no era exterior, no era una actitud teatral o una máscara exterior, sino una forma interior, la expresión de sus anhelos, de su pensamiento verbal, etc. No podía encajar en ningún marco rígido; no aceptaba ningún orden establecido... Comprendía perfectamente qué significaba la realidad, el pensamiento real. De lo que menos se le puede acusar es de ser miope o de representar un papel... No era así.*

D: Pero era muy abstracto.

B: *No. Él no. Comprendía a la perfección la realidad, y comprendía al hombre. Lo entendía todo perfectamente pero, si quiere, se desentendía de todo ello. Pero no se distraía hacia unos ideales abstractos, como los demás. En él hasta las ideas abstractas tenían un carácter simbólico, incluso algo místico. Eran una especie de visiones proféticas. Pero van mucho más allá de la mística habitual de la época.*

D: La mística simbolista.

B: *Sí. No, simplemente no encajaba allí. Tenía una visión mística particular. Sí. Mística sin mística, digamos. Pero mística sí era. Mística... Él pensaba realmente en categorías muy amplias, cósmicas, pero no abstracto-cósmicas.*

D: Eso no lo entiendo muy bien.

B: *Él sabía –y por eso lo llamo muy carnavalesco en su misma esencia– abstraerse de todo lo concreto y captar un todo infinito, ilimitado; un todo, digamos, planetario. Es que él era uno de los «presidentes del planeta». Y del universo en general. Supo de alguna forma filtrar todo interiormente y transformarlo en palabras. Pero son palabras que no se entienden si las aplicamos a las emociones «normales», a los asuntos particulares o sensaciones particulares de las personas concretas. No se entienden. Pero si logramos comprenderlo, entrar en el flujo de su pensamiento cósmico, universal, entonces todo llega a ser comprensible y sumamente interesante. Era una persona extraordinaria. Extraordinaria. En todo caso, los demás futuristas eran pigmeos a su lado. Pigmeos y... gente poco profunda. El mismo Kruchónykh, etc. Talento sí que tenían. Los Burlyúk[13]... David y ese...*

D: Nikolái.

B: *Nikolái, Nikolái, tal vez, tenía más talento aun.*

D: Y usted, ¿los conocía, los vio en persona?

B: *A Burlyúk llegué a verlo, a David. Pero sólo lo conocí de vista, no en persona. Sin embargo, me hablaron de él, de su obra. Era una persona interesante, muy interesante.*

D: Estaba también Vladímir, el pintor.

B: *Sí, había un pintor, pero no lo conozco. Y en cuanto a David Burlyúk, era insignificante como artista, como escritor. Más tarde resultó ser todo un hombre de negocios. Supo hacerse una fortuna en América. Abrió allí un salón, que frecuentaba la flor y nata de los intelectuales americanos más radicales de izquierdas. Él cada año celebraba con mucho fasto el aniversario de la Revolución de Octubre, organizaba recepciones en su casa para la ocasión, etc. Era un personaje muy singular.*

D: Y ahora ya... llegó el momento de mencionar a Maiakovski.[14] ¿Usted no llegó a conocer al joven Maiakovski?

B: *En sus años mozos no. No le vi ni una sola vez. Es que él estaba más en Moscú.*

D: No; pasó los años de la guerra precisamente en Petersburgo.

B: *Pero yo no le llegué a ver.*

D: ¿Ni en «El perro vagabundo», ni en «La linterna rosa»?

B: *No, allí tampoco le vi. Es decir, posiblemente estaba allí, pero ¿sabe usted? por aquel entonces... Ahora para nosotros (con media sonrisa) Maiakovski es Maiakovski. Pero en aquella época para nosotros no era más que uno de aquellos gritones, a los que tratábamos con bastante desdén.*

D: Entonces, ¿usted no conserva impresiones personales de él?

B: *No, más que...*

D: Entonces, cuénteme los dos –creo recordar– encuentros con Maiakovski, que tuvo usted después de la revolución. Y luego hablaremos de él en general.

B: *El primer encuentro tuvo lugar en el callejón Stoléshnikov –en ese edificio de diez plantas, donde estaba, creo, el Departamento de Literatura.*

D: ¿Ah, el de diez plantas? No es en el callejón Stoléshnikov, es en el Bolshoi Gnezdnikovski.

B: *Bolshói Gnezdnikovski, sí, claro, por supuesto. Ahora allí está [la redacción de la revista] Soviétski Pisátel, el teatro «Romén», etc. En aquella época, el Departamento de Literatura lo dirigía Valeri Yákovlevich [Briúsov].*[15]

D: O sea, ¿que el Departamento de Literatura del Ministerio de Educación (LITO), dirigido por Briúsov, estaba en ese edificio de Nirnsee?

B: *Sí, en ese edificio.*

D: Era el año 1920 o 1921.

B: *Sí, era por aquella época. Yo me dejaba caer alguna vez por allí. Y un día se anunció allí una velada poética. Yo, al llegar, entré en el despacho de Briúsov, que no estaba. Estaba su adjunto, Kuzkó. Era, digamos, de los viejos bolcheviques, a pesar de ser aún bastante joven. Era un hombre pelirrojo y guapo, muy agradable, muy simpático. Estuvimos allí charlando.*

Le había conocido antes, no recuerdo muy bien dónde. Creo que fue en la Academia de Bellas Artes. Pero le conocía muy poco. Y allí, en el despacho, entablamos conversación; me contó muchas cosas: en concreto, me comentó sus encuentros con Vyacheslav Ivánov.[16] Luego me contó muchas cosas sobre Briúsov. Le tenía mucho respeto –como persona y como científico. Kuzkó mismo era una persona muy leída, muy enterada, aunque de científico, nada. Pero era muy modesto, agradable en el trato y extremamente liberal, a pesar de haber sido enviado por el Partido [Comunista] a «vigilar» a Briúsov.

D: ¿Era el comisario designado para vigilar a Briúsov?

B: Sí, sí, en realidad, lo era.

D: Y Briúsov acababa de ingresar en el Partido, ¿verdad?

B: En el Partido, sí. Pues, [Kuzkó] me contó que Briúsov, según su opinión, era una persona de carácter bastante mezquino, que..., digamos, tenía mucho miedo. «Viene a mi casa», decía, «a jugar a ajedrez, y me sonsaca la información sobre los asuntos del Partido, sobre la opinión que se tiene sobre él y sobre las posibilidades que tiene en general de quedarse en su puesto, de afianzar su posición o, de lo contrario, de ser despedido, y cosas por el estilo.» En una palabra, mostraba unos sentimientos bastante ruines; no se elevaba por encima de sus pequeños miedos.

Entonces, estábamos esperando a Briúsov, que no llegaba. Era un constante ir y venir de gente que consultaba al suplente de Briúsov acerca de diferentes asuntos. ¡Y va y entra un hombre muy alto! Reconocí enseguida a Maiakovski, por haber visto antes un retrato suyo o, quizá, incluso a él en persona. Vestía de moda, y eso en la época en que la gente se vestía muy mal. Llevaba un abrigo acampanado, que era por aquel entonces el último grito. En general, todo lo que llevaba era nuevo y elegante, y se notaba que él se daba cuenta de ello en todo momento –el hecho de estar vestido como un dandy. [Media sonrisa]. Pero, precisamente, un verdadero dandy no se da cuenta de cómo va vestido. Es el primer signo de ser un dandy –llevar la ropa sin producir la sensación de darle menor importancia. Y, en ese caso, se sentía que él era constantemente consciente de su abrigo acampanado, de su elegancia, de su cuerpo. En una palabra, eso no me pareció nada bien.

Luego Kuzkó le dio a Maiakovski una copia encuadernada (acababa de salir) de una edición especial de la revista –en aquella época, las revistas no eran fáciles de conseguir– donde estaban publicados unos versos de este último. Y él agarró, pues, esa revista y se sumergió literalmente en sus poemas allí impresos. Y se percibía también claramente que estaba saboreando sus propios versos y, sobre todo, el hecho de que estuvieran publicados. En plan: «¡Aquí lo tenéis!», «¡Aquí estoy yo publicado!» En una palabra, me dio muy mala impresión.

Se puede decir que eso puede pasar a cualquier persona. Sí, pero de Maiakovski, que era, a fin de cuentas, un personaje carnavalesco que, por tanto, había de estar por encima de todo aquello. Y yo esperaba más bien un cierto desprecio hacia las cosas como el traje y la publicación de sus poemas. Y he aquí exactamente lo contrario: como si fuera un hombrecillo de lo más insignificante, está feliz por el mero hecho de ser publicado, aun siendo desde hace bastante tiempo un personaje famoso que cuenta ya con muchas publicaciones. Como en el relato de Chéjov: ¿Se acuerda usted de aquel funcionario atropellado por un caballo que estaba enormemente feliz por haber sido mencionado en la prensa? Pues eso. Es lo que no me gustó en él. Y de lo que él decía, ni siquiera me acuerdo. De algo hablaba, pero no conmigo, sino con Kuzkó. Y luego se fue, y después me fui también yo.

D: Y fue la única ocasión...

B: *No, más tarde volví a verlo –si no me equivoco, en el mismo lugar, en una de las veladas poéticas. Salieron a declamar varios poetas, y cada uno representaba una determinada tendencia. De esas tendencias había, como usted bien sabe, ciento y la madre. ¡Allí salía a declamar todo Cristo! Allí estaba... Valeri Briúsov. No le vi cara a cara; le vi... ya en el estrado. Estaba declamando un poema suyo, pero no recuerdo cómo se titulaba... Sólo recuerdo esto:*

> O en la Moscú soviética se ha fijado una
> *Klassische Walpurgisnacht...–,*

etcétera.

Klassische Walpurgisnacht *significa «una clásica noche de Walburga». Bueno, allí declamaban poetas que yo no conocía en absoluto. También tomaban la palabra representantes de otras artes. Recuerdo que por aquel entonces había surgido un grupo de escultores neorrealistas. Hacían pequeñas figuras de medio cuerpo de papel de periódico. Bastante interesante, diría yo. Allí todos tenían talento; pero, claro, todo ello no podía tener continuación o desarrollo, no. Creo que allí mismo se acabó. Y allí también estaba Maiakovski, que declamaba su... «Insólita...»*

D: «Insólita aventura». La conversación con el Sol.

B: *Sí, y ahí sí me gustó. En el estrado él me gustó. En el estrado precisamente se portaba con modestia, con humildad. ¡Qué bien declamaba! ¡Excelente! Tenía un gesto contenido... Otros decían que su gesto era muy brusco. No, lo tenía contenido, moderado. «Bien, digo, siéntate, lumbrera...»; y en ese «siéntate, lumbrera» hacía un gesto así de amplio, como si lo...*

D: Invitase...

B: *Sí, y eso me gustó. Ahí me gustó mucho él, y su obra también.*

D: Y usted, ¿lo leería bien poco en aquella época?

B: *No, leía, leía bastantes cosas suyas. Por aquel entonces leíamos mucho, literalmente tragábamos de todo, y con ello, muchas tonterías. Pero, en cuanto a Maiakovski, claro que conocía...*

D: Bueno, y ¿conocía incluso *La nube con pantalón*? ¿*La nube con pantalón, Guerra y paz, Hombre*?

B: *Conocía estos poemas, sí. Los conocía. Recuerdo que me gustaba mucho su... «Guerra y paz». Tenía unas estrofas muy interesantes, muy buenas. Pero tenía también otras líneas más falsas, artificiosas, rebuscadas. Hay que decir que él nunca supo librarse de esa afectación, artificialidad, ni siquiera en el poema «En voz alta»... ¡Pero tenía también líneas magníficas, realmente magníficas!*

D: ¿Y qué es lo que usted percibe como artificial y rebuscado en «En voz alta»?

B: *Bueno, yo simplemente... estas líneas en concreto no las tengo memorizadas. Hay muchos momentos... Ah, por ejemplo, esto:*

> De las palabras yo conozco el poder, conozco su rebato,
> no son aquéllas que suscitan el aplauso de los palcos...

Más adelante va el espléndido:
(ambos en unísono)

> Palabras como éstas hacen arrancar
> los ataúdes a correr con cuatro patas.
> A veces, se desecha; mas sin publicar,
> aun así, galopa la palabra...

B: *Resuenan las centurias; los trenes*

Se arrastran a besar las poesías...

D: «Lamer».

B: *¿Cómo?*

D: No es «besar», es... estilísticamente...

B: *Perdón, «lamer las poesías...» No, no, «lamer», de esto me acuerdo, «lamer callosas manos». ¿Qué es lo que quería decir con esto? ¿usted qué cree?*

D: ¿Pero a usted este momento le gusta o no le gusta?

B: *Eso precisamente me gusta.*

D: Creo que «los trenes se arrastran a lamer las poesías...» es lo que ahora está en el foco de atención del mundo entero, es lo que fue formulado hace quince años , aunque de forma, digamos, muy cutre, por [*con media sonrisa*] Slutski[17] –«los físicos» y «los líricos»–. Y Maiakovski aquí afirma: «la poesía permanecerá por encima de todo! Los trenes lamerán...»

B: *Eso precisamente tiene mucha fuerza. Luego aquello de «...bagatela», «...parece una bagatela...»*

D: Es un fragmento suelto.

> De las palabras yo conozco el poder: parecen una bagatela,
> un pétalo caído bajo los tacones del danzante,
> pero el hombre, con su alma, con sus labios, sus huesos...

Es un trozo inacabado...

B: *Es buenísimo: «...el hombre, con su alma, con sus labios, sus huesos...» Y el hecho de que el verso se corte no está mal. Se entiende perfectamente. No hacía falta terminar la frase. Esto precisamente está muy bien...*

D: Usted claramente representaba otra, digamos, cultura estilística, a pesar de su amplitud de miras.

B: *Sí, otra cultura estilística. Pero, sabe usted, aquí hay que puntualizar una cosa: yo en aquella época conocía muy bien la poesía «de izquierdas» en Occidente, en particular, en Francia. Y ellos llegaban allí muy lejos, como mínimo tan lejos como nuestros futuristas. Nuestros futuristas parecían párvulos en comparación [con los franceses]; y no es de extrañar, ya que empezaban como sus imitadores. Incluso Maiakovski, aunque él sólo hasta cierto punto.*

D: Muy interesante.

B: *El [tipo de] verso que él ha creado es, por supuesto, de su propia cosecha.*

D: ¿Usted piensa que Maiakovski ha creado un nuevo tipo de verso?

B: *Sí, pienso que ha creado un nuevo verso. Bueno, ¿qué es lo que consideramos «nuevo verso»?*

D: En el sentido no filológico... sino más conceptual.

B: *Sí. Sin duda. Yo considero que él creó...*

D: ¿Cree que él introdujo un nuevo principio en la poesía rusa?

B: *Sí, sí, indudablemente.*

D: Y ¿en qué ve usted... cómo definiría ese principio?

B: *Ve usted, es muy difícil, ya que no soy teórico de la poesía. Pero normalmente lo definen como una nueva tónica, diferente de la antigua silabotónica. Y la suya es una tónica novedosa.*

D: Sí; digamos que antes el verso era silabotónico, y el suyo ya era entonacional-tónico.

B: *Sí, entonacional... Una nueva tónica y luego el hecho de aproximar el verso a aquel lenguaje... oratorio, pero oratorio familiar, algo así como hablaban los oradores de la Comuna de París, etc. etc., que es un grito, casi un grito. Y también significaba una suerte de aproximación de la poesía en general al grito callejero, al clamor. Él decía casi siempre de sí mismo: «Yo grito, vocifero». No «escribo», no «canto», sino «vocifero». Ese grito suyo Maiakovski supo convertirlo en verso, en algo poético.*

D: Volvamos a su idea favorita de «carnavalidad». Usted confiere a este término un gran significado.

B: *Sí.*

D: Yo al principio no lo entendía, pero leí con mucha atención, hace unos tres años, su libro sobre Rabelais, que acababa de salir. Al principio no conseguía comprender de qué iba todo eso: carnaval y carnaval... Usted plantea la «carnavalidad» como una de las características generales del arte, del Arte con mayúscula.

B: *Sí, sí, es cierto.*

D: Por lo tanto, usted considera a Rabelais... y luego, al revés, a Dostoievski... la unidad de esas contradicciones... En este plano, Maiakovski se ve como una figura absolutamente única en su dimensión.

B: *Tiene muchos momentos carnavalescos.*

D: Los momentos de «misterio» y «bufo» se encuentran por todas partes.

B. *Por todas partes, sí, sí.*

D: Incluso cuando él hace naderías carnavalescas –publicidad, etc.–, a veces se cuelan cosas serias, y viceversa. Me ha gustado mucho que usted lo haya contado de una forma tan precisa y veraz... va muy en contra, y, sin embargo,... En cuanto a cómo él tomó... Aquí todo está en el contexto... Me imagino vivamente... podía ser así... Entonces, ¿se trata del año 1921, verdad?

B: *Sí.*

D: ¿O del 1922, como más tarde?

B: *No más tarde. No.*

D: Si fue en otoño del 1922, entonces [Maiakovski] podía haber vuelto ya de su primer viaje al extranjero, a Letonia.

B: *Creo que fue antes.*

D: Probablemente antes. Pero en los años 1920, 1921 y 1922 él trabajaba en Rosta.[18] Estaba allí sentado con su chaquetón guateado, con su gorro de piel de cordero...

B: *Es que hacía frío.*

D: ... con sus botas de fieltro y, por encima, chanclos de goma.

B: *Pero yo ya hablo del verano o, mejor dicho, de la primavera...*

D: En su juventud, en la infancia, él justamente se vestía muy pobre. Pero existen memorias y hay también una foto... donde se ve... no es que sea dandismo, pero sí una cierta cualidad carnavalesca... Como cuando se puso un sombrero de copa.

B: *Bueno, Burliúk también llevaba chistera.*

D: Sí, fue Burliúk quien se la puso [a Maiakovski]. Luego vino «El guantazo al gusto público»..., y todo el VHUTEMAS... –toda la Escuela de Pintura, Escultura y Arquitectura– vino corriendo para ver a Maiakovski, que estaba de visita en la escuela de donde antes había sido expulsado... Todos estaban acostumbrados a verlo con zapatos rotos... y, ¡de repente, viene hecho un figurín! Tengo una anotación [sobre ello] en mi diario. De todas las plantas del edificio venía la gente corriendo a verlo «¿¡Dios santo, quién es? ¿¡Maiakovski?!» «¡Con chistera!» «¡El guiñapo!» Y a él eso le gustaba. A veces él [hacía así]... No, está claro que no era dandismo. No lo tenía en absoluto.

B: *No, no era dandismo, no, no.*

D: Tiene usted toda la razón. Por su parte era una especie de... Era el momento lúdico.

B: *¿El momento lúdico? Sí, a fin de cuentas, era eso, sí.*

D: Para él era un juego.

B: *A fin de cuentas, le conocí en un momento dado, no en evolución. De otro modo, habría visto enseguida lo carnavalesco de todo eso.*

D: Es como «una manchita en la pared».

B: *Sí, sí.*

D: En efecto, él podía hacer cualquier cosa en este sentido. Estaba constantemente jugando. Era una persona tremendamente apasionada.

B: *Sí, era apasionado; le gustaba el azar.*

D: ¡Y cómo jugaba a las cartas! ¡Algo bestial!

B: *¿Ah sí? ¿Jugaba bien?*

D: ¡Bestial! ¡Bestial! Cuando empezaban a jugar a las cartas, ¡se apostaba todo, hasta el pantalón! ¡Sobre la mesa, y punto! Me contaba Vólpin que [el perdedor] debía pasar diez veces por debajo de la mesa, por ejemplo. Y [Maiakovski] exigía [el cumplimiento de las reglas] de los demás, y también él mismo lo hacía.

B: *Bueno, las cartas en sí... Un juego de azar también es un fenómeno profundamente carnavalesco.*

D: Bien, Maiakovski es, digamos, un episodio. Usted se cruzó muy pocas veces con él en su vida [personal] y su desarrollo literario.

B: *Poco, poco.*

D: Me he dado cuenta. Pero me imaginaba, partiendo de lo que usted me había contado antes, que usted en algún momento había llegado a cruzarse con el grupo de jóvenes formado en parte alrededor de Marshak,[19] el llamado «grupo de oberiutas». En realidad, cuando le conocí a usted, lo primero que pensé fue: «¡Por fin oiré algo sobre los oberiutas!..» Antes que nada, ¿qué era usted en aquella época? ¿Un literato *free-lance*?

B: *¿En aquella época? En aquella época sí.*

D: ¿Al terminar la carrera?

B: *No fue del todo así. Al terminar la carrera...*

D: ¿Dónde recibía usted su racionamiento en los años 1918, 1919, 1920 y 1921?[20]

B: *Es que yo en 1918 me fui de Petersburgo. Fue así: ya le he contado que tenía un amigo de juventud, uno de mis amigos más íntimos –Lev Pumpianski. Él estaba haciendo el servicio militar en una pequeña ciudad de Nevel. Sí... Unos paisajes preciosos... En general, un lugar encantador. Haciendo allí el servicio militar, él conocía a todo el mundo, y a él le conocían todos. Estuvo de visita en Petrogrado, donde casi no había nada para comer, y me convenció para ir a Nevel con él: allí se podía encontrar trabajo, y había comida en abundancia, etc. Así lo hice. Corría el año 1918.*

D: ¿Y de qué trabajó usted allí?

B: *Vamos a ver. Se trasladó allí el liceo de Novosventsiank, cuyo director resultó ser mi antiguo profesor de matemáticas. Ya era director, un hombre con pelo completamente blanco, un anciano. Pues me contrataron como profesor en ese liceo Sventsianski. Sin embargo, ejercí de profesor de ese liceo de Novosventsiank, ex-Sventsianski (evacuado allí porque la ciudad había sido ocupada por los alemanes), durante muy poco tiempo, me parece que dos o tres meses. Luego el liceo fue convertido en Escuela Laboral Unificada. Pero siguió siendo lo mismo: se quedaron los mismos estudiantes a terminar sus estudios; se quedaron los profesores, se quedó también ese amigo mío, mi amigo mayor, mi antiguo profesor*

—*Pavel Yankóvich. Se quedó, pero no en el puesto de director. No recuerdo quién fue nombrado director. Pero [Yankóvich] siguió trabajando.*

D: ¿Resulta, pues, que usted permaneció allí todo el año 1918 e incluso más tiempo?

B: *Y el 1919 también. Estuve viviendo allí dos años.*

D: Ahora por fin entiendo... Antes no lograba entender por qué tenía usted esa laguna, por qué no recordaba los cafés... Es que todo ello se formó en ese período de tiempo. Usted se marchó de Petersburgo y simplemente se quedó [en Nevel] durante la época más hambrienta.

B: *Sí, me refugié allí por el hambre. Y luego me mudé, junto a mi amigo Pumpianski, a Vítebsk.*[21] *Estaba muy cerca y era capital de provincia. En aquella época, Vítebsk vivía un verdadero auge de la cultura. Muchos habitantes de Leningrado se trasladaron allí (temporalmente, claro) huyendo del hambre.*

D: Y estaba allí Chagall.

B: *Sí, estaba Chagall, pero él era oriundo, era de Vítebsk —muy zancudo—...*

D: ¿Y usted llegó a conocerlo personalmente?

B: *Le conocía un poco, sí. Pero muy poco; no me acuerdo durante cuánto tiempo estuvimos los dos allí, porque luego él se marchó.*

D: Entonces, ¿usted ya estaba allí en 1920?

B: *Allí estuve... en los años 1920, 1921 y 1922.*

D: Pero, ¿cómo es que usted en el año 1921...?

B: *Sí, venía a Moscú y a Leningrado. A Moscú... No vivía [en Moscú]. Venía de Leningrado y a Leningrado regresé. En Moscú sólo estaba de paso.*

D: Ahora lo entiendo.

B: *No me gustaba Moscú.*

D: ¿No le gustaba estar en Moscú?

B: *Por supuesto, había estado en Moscú antes, ya que soy de Orel.*[22]

D: ¿No le gustaba Moscú?

B: *No me gustaba Moscú, no. Y en Nevel, pues, estuve cerca de dos años. Además, allí había algo muy típico de aquella época: la recién fundada Sociedad Científica de Nevel. Y no era un juego, para nada. Por cierto, su presidente era yo. Y sus miembros eran Pumpianski, el filósofo Matvei Kagan, el químico Koliubakin, quien lamentablemente más tarde...*

D: ¿Murió?

B: *Sí, probablemente murió, no lo sé, pero cuando lo vi por última vez (era un hombre de gran talento), era adicto a la morfina, hasta el extremo; era una adicción terminal. Bueno, pues, la Sociedad [Científica]. Y allí cobrábamos, nos fue asignado un sueldo. Aunque, claro, el sueldo era... apenas llegaba...*

D: ¿Tenían algún tipo de racionamiento?

B: *Racionamiento sí. Recibíamos comida. Eso es. Hay que decir que durante el año y medio o dos que pasé en Nevel, no había problemas con la comida. Se comía muy bien, había de todo.*

D: Entonces, ¿Usted no sufrió todas las penurias de Petersburgo?

B: *Todas no. Incluso enviaba de Nevel paquetes [de comida] a los míos.*

D: ¿Ya estaba casado por aquel entonces?

B: *Aún no. No.*

D: ¿Y quiénes eran «los suyos»? ¿Sus padres?

B: *¿Los míos? Mi padre, mi madre, mis hermanas. Hay que decir que mi madre y mis tres hermanas murieron durante el bloqueo de Leningrado.*[23]

D: ¿Murieron de hambre?

B: *Murieron, sí, de hambre, de depresión... Durante el bloqueo... Mi madre ya era una anciana...*

D: ¿Y su padre aún vivía?

B: *Había muerto antes. Una muerte plácida. Relativamente, claro.*

D: ¿Y cuánto tiempo estuvo usted en Vítebsk?

B: *Vítebsk sí que era un lugar interesante porque allí se reunieron muchos e importantes representantes de los círculos intelectuales de Petersburgo, Petrogrado. Fundaron allí un conservatorio de música muy bueno, de bastante nivel. Di clases allí, en ese conservatorio. El puesto de director lo ocupó Malkó, director de orquesta, que había sido el jefe de orquesta del teatro Mariínsky.*

D: ¡Vaya!

B: *Una figura muy importante. Y un músico excelente, maravilloso. Luego, estaba Dubasov,[24] una figura importantísima también. Coordinaba todas las clases de piano. Era un magnífico pedagogo. Enseñó a muchos de los futuros grandes músicos.*

También estaba Presniakóv, el maestro de ballet del teatro Mariínski. Tenía una pequeña finca en la comarca de Nevel, así que por ahí estaba. Y había varias personas más. Así era el conservatorio. Un conservatorio francamente brillante...
Y bien. Allí hubo también una escuela de arte. Y su director era nada menos que Casimir Malévič.

D: ¡Vaya!

B: *Sí... el fundador del suprematismo.*

D: ¿Era precisamente la época del «Cuadrado negro», verdad?

B: *Sí, pensándolo bien. Sí. Era el director [de la escuela]. El local era magnífico. La casa, muy original por su arquitectura, había pertenecido a un rico banquero, un tal Vishniák. Y su casa, tan original, fue cedida [por el Estado] para albergar la escuela de arte... Malévič era su alma. Una persona extremamente interesante.*

D: ¿Usted conocía a *Malévič*?

B: *Sí, le conocía. En aquellos años éramos íntimos, mientras él estaba allí, y yo también —estábamos juntos en Vítebsk, y muy amigos. Mi mujer le cogió mucho cariño; Malévič le caía muy bien. Pasábamos tiempo juntos bastante a menudo, allí en su escuela.*

D: ¿Su mujer? ¿Ya estaba usted casado?

B: *Sí, ya estaba casado.*

D: ¿Dónde se casó, en Nevel?

B: *No, en Vítebsk. Mi mujer era de Vítebsk. Y bien. Aparte, era aficionado a la astronomía.*

D: ¿Malévič?

B: *Malévič, sí. Tenía un pequeño...*

D: ¿No sería la influencia de Jlébnikov?

B: *...telescopio... En parte, era la influencia de Jlébnikov, claro. Entonces, por la noche se ponía a observar las estrellas, etc., y se dedicaba a ello con una tal... tenía una comunión con el universo, al estilo Jlébnikov. Sabía expresar muy bien y de forma muy convincente sus criterios artísticos, y era un pensador muy original, a pesar de no tener formación. O sea, que tenía formación artística, pero no académica. Y, sin embargo, era un verdadero erudito, tenía una gran cultura...*

D: Entonces, ¿tenía definidos sus criterios estéticos?

B: *Sí, los expresaba sin cesar. Incluso había escrito un folleto, que más tarde desapareció.* [25]

D: Bueno, y qué, ¿se le puede llamar pionero, en el suelo ruso, de lo que ahora llamamos abstraccionismo?

B: *Sí, pero la suya fue una forma singular [del abstraccionismo].*

D: ¿En qué consiste esencialmente el suprematismo? «Supremo» significa «el que supera». [26]

B: *¿El suprematismo? No, Aquí lo supremo, lo último en el arte es la idea, el pensamiento.*

D: Lo supremo.

B: *Sí, supremo, suprematismo. Y hay que decir que, a diferencia de los abstraccionistas, él... en ese aspecto, él continuaba con la tradición de Jlébnikov –de lo Universal–...*

D: Claro, la del internacionalismo y de lo universal...

B: ... *Lo universal, eso es. El macrocosmos y lo universal era lo que le interesaba.*

D: ... le preocupaba...

B: *Y decía que nuestro arte, en realidad, se desarrollaba en un rinconcito muy pequeño, en un espacio tridimensional. Es un rincón, un rincón, un... pequeño retrete, nada más. Y el gran universo aquí no cabe, no puede... no puede caber. Y, estando en ese mismo rinconcito, uno no puede comprender el universo. Y él [Malévic], digamos, intentaba penetrar en ese universo.*
Recuerdo nuestro primer encuentro. Vine acompañando a alguien, ya no me acuerdo bien a quién, simplemente para conocerle a él y a su escuela. Y él nos acogió muy bien, nos enseñó las aulas, dando explicaciones. Y yo recuerdo su primera explicación. Se acercó a una escultura y dijo: «Aquí tenéis una escultura. Aquí están las tres dimensiones, así y asá...» Sabía, además, hacerlo de forma muy concreta... «Y yo, el artista que ha creado todo ello, ¿dónde estoy yo? Es que yo estoy fuera de las tres dimensiones que he trazado. Ustedes dirán que yo también estoy en las tres dimensiones. Sin embargo, son otras tres dimensiones. Las contemplo y, como artista contemplador, dirijo mi ojo al otro lado de las tres dimensiones, a la cuarta dimensión, si las contamos aritméticamente. Pero no se pueden contabilizar aritméticamente. No se puede decir: tres dimensiones. Son treinta y tres, trescientos treinta y tres, etc. –son innumerables. Y a esas dimensiones, dimensiones mundiales, cósmicas, universales, yo dirijo mi ojo, nada más. Yo mismo, como humano, por supuesto... Pueden golpearme, etc., pero ¡intenten golpearme a mí como artista! Mi ojo no está al alcance del suyo...»[27]

D: Mi ojo, con el que veo, no es capaz de ejercer influencia sobre usted... ¿Es así?

B: *Sí, sí, eso es. Usted no puede hacerme nada. Y, pues, de algún modo, era todo muy convincente, porque él era una persona... No se esforzaba en parecer nada, no sobreactuaba. Estaba muy convencido de lo que decía. Era un poco maniático. Acabó sus días en un manicomio, por cierto.*[28]

D: ¿Ah sí?

B: *Murió en un manicomio en una pobreza extrema...*

D: ¿Dónde?

B: *Creo que en Moscú.*

D: ¿No emigró?

B: *No, no, no emigró. Sus obras, por supuesto, llegaron a todas partes. Aún en vida, sus construcciones llamadas* suprematos [29] *tenían en América un éxito enorme. Aunque él decía que esos suprematos no eran colocados de forma correcta: tenían que colocarse horizontalmente, y no verticalmente, como lo hacían allí. Decía que así no dejaban de ser* suprematos, *que su posición no destruía su significado artístico, pero con todo, ese significado sólo podía descubrirse en toda su amplitud con una colocación correcta. Pues, en América en aquella época... él tenía un éxito enorme.*

D: ¿Ya entonces?

B: *Ya entonces, sí. Sus construcciones allí en América... se utilizaban...*

D: ¿Y aquí? Entonces, daba clases allí, ¿y luego, qué?

B: *Vivió en la miseria y acabó en un hospital psiquiátrico. Y muy poco tiempo después de su marcha de Vítebsk. No sé qué enfermedad padecía, no lo sé. ¿Quién sabe?... En aquella época estaba mal...*

D: No se aclaraban.

B: *... psicosis aguda... Neurosis aguda y no psicosis, tal vez. Además, estaba extenuado.*

D: ¿Extenuado?

B: *Cuando vivíamos en Vítebsk no, porque se comía bien, se podía comprar de todo. Era, diría yo, un hombre robusto, muy robusto... Tenía una cara... que expresaba autoridad...*

D: Pertenecía a la generación de Maiakovski más o menos?

B: *Sí, es del año 1890, sí. No era viejo, no, no. Tal vez, era un poco mayor, ahora ya no me acuerdo. Tampoco sabía su edad exacta. Era algo mayor. Y hay que decir que sus alumnos y alumnas literalmente lo adoraban, lo idolatraban. Y todos se dedicaban a la contemplación semimística de las profundidades del universo, etc. Todos iban más allá del espacio convencional en su pintura. Todos ellos creían en ello ciegamente. Fue así en realidad, reitero: no había en ello falsedad ni actuación.*

D: Vaya retrato más inesperado.

B: *Sí, sí, como ve. En general, era un hombre muy interesante; era apasionante hablar con él. Y, además, era absolutamente desinteresado, totalmente. No perseguía ni el éxito, ni la carrera, ni el dinero; ni siquiera le preocupaba comer bien —no necesitaba nada de eso—. Era, si quiere, una especie de asceta enamorado de sus ideas. Estaba absolutamente convencido de haber descubierto algo completamente nuevo, de haber penetrado en las profundidades del universo que nadie había podido vislumbrar.*

D: ¿Y quién más estaba allí, en Vítebsk? Esa escuela de arte... Su director, pues, era Malévič, ¿verdad?

B: *Malévič era el director, sí. Y el profesor que fue... mejor considerado... era Pen.[30] Había un pintor que se llamaba así. Era conocido. Pero más bien era regular.*

D: ¿Regular?

B: *Sí, muy ordinario, un realista, continuador de la tradición de los peredvizhniksk.[31] Nada especial. Dominaba, por supuesto...*

D: Creo que fue profesor de Chagall.

B: *Es posible. Bueno, allí era el único capaz de enseñar algo.*

D: Eso es, le conozco porque Azarj me contó sus encuentros con Chagall. Azarj Alexandra Veniamínovna.[32] ¿Se acuerda usted de Alexandra Veniamínovna Azarj, luego Granóvskaia, aunque puede que hubiese tenido otro apellido de soltera?

B: *No recuerdo.*

D: Pues ella me contó sobre Chagall... ¡Y sobre Mijoéls![33] También estaba allí, ¿verdad?

B: *Sí, también estaba allí, pero yo no le conocía.*

D: ¿No había allí escuela de teatro?

B: *No, no había. Mejor dicho, había un grupo amateur en el conservatorio...*

D: Y allí estaría Mijoéls.

B: *¿Mijoéls? Sí, probablemente.*

D: Pero esto significa que, a pesar de que la ciudad fuese pequeña, no estaba unido todo ese grupo.

B: *No. Pero es que no era una ciudad pequeña. Era una ciudad grande –capital de provincia– y centro de cultura. Incluso antes, ¡cuánta gente procedente de Vítebsk, muchos, muchos!...*

¡Qué nido cultural que se formó allí [en Vítebsk], teniendo en cuenta que allí creció un gigante como Chagall... y mientras Petrogrado estaba en declive! ¡Qué florecimiento!

NOTAS

1. Petrogrado –nombre que llevó de 1914 a 1924 la ciudad de San Petersburgo (entre 1924 y 1991 recibió el nombre de Leningrado y en 1991 recuperó su nombre original). Hay que tener en cuenta que, en sus conversaciones, S. Duvákin y M. Bajtín no siempre respetan la correspondencia entre la cronología y el nombre de esta ciudad (dicen «Petersburgo», «Petrogrado» o «Leningrado» indistintamente) y omiten el «San» de «San Petersburgo». N. del T.
2. Mijaíl Kuzmín (1875-1936) –escritor ruso cercano a los simbolistas, luego a los acmeistas (defensores del realismo poético). Traductor de Boccaccio, Apuleo, Shakespeare. N. del T.
3. Ivan Rukavíshnikov –poeta ruso. N. del T.
4. Serguei Esenin (se pronuncia Yesenin) –poeta ruso (1895-1925). De familia campesina, recibió una formación profundamente religiosa y basó sus primeras obras en el folklore. Se manifestó como uno de los genios de la literatura rusa, dentro de la escuela de los imaginistas, herederos del futurismo. Celebró la Revolución de Octubre, aunque rápidamente evolucionó hacia el descontento y el rechazo de la industrialización. Estuvo casado con Isadora Duncan. Su compleja personalidad le condujo al suicidio. N. del T.
5. Vadím Kózhinov –filólogo ruso, especialista en la obra de S. Esenin. N. del T.
6. Dimitri Merezhkovsli (1866-1941) –escritor ruso. Sus novelas estaban basadas en ideas de carácter religioso y místico. Escribía también poesía y crítica literaria. No aceptó la Revolución y emigró en 1920. N. del T.
7. Zinaída Guíppius (1869-1945) –poetisa rusa, considerada ideóloga del decadentismo. Su poesía está marcada por un individualismo extremo. Escribió novelas y crítica literaria. No aceptó la Revolución y emigró en 1920. N. del T.
8. Marina Tsvetáyeva (1892-1941) –poetisa rusa. Sus primeras obras se distinguieron por un romanticismo maximalista. En 1922 emigró. Sus poemas del período de emigración estaban impregnados de nostalgia y rechazo de la realidad hostil. En 1939 regresó a la URSS. Su marido fue ejecutado, y su hija mayor y su hermana sufrieron persecuciones durante el terror estalinista. Se suicidó en 1941. N. del T.
9. Ryúrik Ivnev (verdadero nombre Mijaíl Kovalióv) –poeta ruso del círculo de Esenin. N. del T.
10. Vasili Komardenkov (1897-1973) –escenógrafo ruso. N. del T.
11. En ruso, las palabras *estafa*, o *bluff*, y *plebe* son fonéticamente similares. N. del T.
12. Velimir (verdadero nombre Víctor) Jlébnikov (1885-1922) –poeta ruso, fundador del futurismo, cuyas obras, impregnadas de esoterismo y de difícil comprensión, ejercieron una notable influencia en la poesía rusa. Inventó el llamado «lenguaje traslógico». Después de la Revolución su popularidad declina, pero su influencia persiste en la obra de varios poetas soviéticos. N. del T.
13. David Burliúk (1882-1967) –poeta y pintor ruso, uno de los fundadores del futurismo. Emigró en 1920. N. del T.
14. Vladimir Maiakovski (1893-1930) –poeta y dramaturgo ruso. Se inició en la poesía bajo el simbolismo y la influencia futurista. Sus poemas prerrevolucionarios impresionan por la audacia formal inédita en la poesía rusa. Aceptó la Revolución y fue su militante y propagandista activo, sin perder el rico patetismo individual de su poesía. Desarrolló la vertiente satírica en sus piezas dramáticas. Su obra estuvo expuesta a una incesante polémica. Decepcionado tanto por su vida pública como su vida privada, se suicidó en 1930. N. del T.
15. Valeri Briúsov (1873-1924) –poeta y crítico literario ruso, uno de los líderes del simbolismo. Su obra parte de una inspiración egocéntrica y evoluciona hacia un frío objetivismo. Se adhirió al comunismo y desempeñó funciones administrativas en el gobierno bolchevique. N. del T.
16. Viacheslav Ivánov (1866-1949) –poeta ruso, teórico del simbolismo. Su poesía se adentraba en la temática cultural y filosófica de la Antigüedad y la Edad Media, y sus trabajos teóricos reflejan sus búsquedas religiosas. Desde 1924 vivió en Italia. N. del T.
17. Borís Slutski (1919) –poeta soviético, autor de poesías caracterizadas por un lenguaje demostrativamente coloquial y prosaico sobre los temas como la guerra, el día a día del trabajador, etc. N. del T.

18. Rosta (en grafía rusa POCTA) –agencia de noticias soviética donde trabajó Maiakovski.N. del T.
19. Samuil Marshak (1887-1964) –escritor soviético, creador de la literatura infantil, autor de poemas humorísticos y didácticos, y obras en prosa. N. del T
20. 1918-1921 –los años de la Guerra Civil y la hambruna. N. del T.
21. Vítebsk –ciudad del noreste de Bielorrusia, situada en las orillas del río Dvina occidental. N. del T.
22. Orel –ciudad natal de Bajtín, al sur de Moscú. N. del T.
23. El bloqueo de Leningrado (1941-1944): en el curso de la II Guerra Mundial, las tropas alemanas rodearon la ciudad y cortaron todos los suministros. Durante los 900 días del bloqueo murieron de hambre y de los bombardeos incesantes cerca de un millón de civiles. N. del T.
24. Nikolai Dubasov (1869-1935) –pianista y pedagogo, ganador del Primer Concurso Internacional Rubinstein de pianistas y compositores. Entre 1894 y 1917 fue profesor del Conservatorio de música de San Petersburgo. Desde 1918 dio clases en el Conservatorio Popular de Vítebsk y a partir de 1919 dirigió su sección de piano. Entre 1923 y 1935 volvió al Conservatorio de Leningrado. N. del T.
25. En vida de Malévič, fueron publicados siete de sus escritos teóricos, cinco de los cuales durante su estancia en Vítebsk. Al parecer, Bajtín se refiere al libro *Sobre los nuevos sistemas en el arte*, publicado en diciembre de 1919 en Vítebsk.
26. Al principio, el término «suprematismo», extraíco de la lengua nativa del artista (el polaco), significaba la fase superior del desarrollo de la pintura, en la que predominaba la energía del color. Más tarde, a medida que fue evolucionando de la argumentación teórica, la palabra inventada por Malévič adquirió el significado filosófico. Uno de sus escritos del período de Vítebsk se titulaba «Suprematismo como conocimiento puro».
27. La idea de la «multiplicidad de dimensiones» era extremamente popular entre los vanguardistas rusos y se remontaba al concepto de la «cuarta dimensión» promovido por el filósofo idealista P. Uspénski (1878-1947) en sus libros *La cuarta dimensión* (1909) y *Tertium Organum. La clave para los enigmas del universo* (1911). Malévič compartía con su entorno las opiniones del filósofo sobre la posibilidad de comprender las «ideas del espacio superior que tiene más dimensiones que el nuestro». Sin embargo, las ideas de Malévič sobre la multiplicidad de dimensiones se transformaron considerablemente en la segunda mitad de los años diez; en particular, en sus escritos del período de Vítebsk, declaró que la quinta dimensión era la economía. Los problemas de la «cuarta dimensión» en el arte de los vanguardistas rusos están analizados en el libro: Henderson, L., *The Fourth Dimension and Non-Euclidean Geometry in Modern Art*. Princeton, 1983.
28. Hasta M. Bajtín, exiliado en Kazajstán, al parecer llegó un vago rumor sobre la enfermedad de Malévič. En realidad, el artista murió el 15 de mayo de 1935 de cáncer de próstata en su apartamento en Leningrado. En los últimos años de su vida Malévič, trabajó en el Museo Ruso.
29. Los «suprematos» son un neologismo del mismo Bajtín, en el que se perciben claramente las reminiscencias del lenguaje de Malévič. Se refiere a los «arquitectonos», modelos tridimensionales construidos por Malévič a mediados de los años veinte en el Instituto Estatal de la Cultura Artística (GINJUK) que él dirigía. Los «arquitectonos» tenían una composición diversa, tanto horizontal como vertical. Malévič siguió trabajando con ellos en el Comité del Estudio Experimental de la Cultura Artística y en el Instituto Estatal de Historia del Arte (GNII), adonde su departamento fue transferido tras la disolución del GINJUK en 1926. Bajtín, siendo profesor supernumerario del GNII, pudo haberse relacionado con Malévič en el Instituto y haber visto los «arquitectonos»; probablemente, en esa época continuó el intercambio de opiniones durante los fugaces encuentros de los dos colegas. Las creaciones «supremáticas» de Malévič no eran conocidas en los Estados Unidos en los años veinte; aun así, las observaciones de Bajtín son muy acertadas, ya que tanto Malévič como los artistas formados en la escuela del suprematismo (sobre todo, El Lissitski) veían en la arquitectura de los rascacielos norteamericanos la prueba de la veracidad y objetividad de la etapa supremática en el desarrollo del arte y de la arquitectura. Así, se conoce un *collage* de Malévič que combina una foto de los rascacielos de Manhattan con un dibujo de un «arquitectono» vertical que encaja a la perfección en ese paisaje urbano.
30. Yuri Pen (1854-1937) –pintor, el primer maestro de Chagall. N. del T.
31. Peredvizhniks –pintores realistas en la Rusia del siglo XIX, participantes en exposiciones ambulantes N. del T.
32. Alexandra Azarj-Granóvskaia (1892-1980) –actriz y directora teatral, viuda del director A. Granovski. N. del T.
33. Solomon Mijoels (verdadero apellido: Vovsi) –actor, director de teatro y pedagogo soviético (1890-1948). Desde 1919 trabajó en el Teatro Estatal Judío de Moscú (lo dirigió desde 1929). Sus montajes se distinguían por su profundidad filosófica, su innovación formal y su monumentalidad. Ganador del Premio Estatal de la URSS (1946).N. del T.

Memoria e inscripción[1]

Temporalidad y espacialidad de la arquitectura según Paul Ricoeur

Mémoire et inscription.
Temporalité et spatialité
de l'architecture selon
Paul Ricoeur

Rita Messori,
Universidad de Trieste

Le travail de la mémoire est d'abord un travail d'inscription. Cet acte réitéré, en même temps individuel, partagé et collectif, répond à des conditions formelles spatio-temporelles: «les mutations affectant la spatialité et la temporalité propres à la mémoire vivante».[2] Les réflexions conduites par Paul Ricoeur dans La mémoire, l'histoire, l'oubli, *autour de la mémoire-inscription nous mènent donc à la découverte de l'entrelacement du temps et de l'espace: la dialectique de la subjectivité-objectivité du temps n'est pas pensable qu'en rapport à la dialectique de la subjectivité-objectivité de l'espace: «c'est ensemble que l'ici et le là-bas de l'espace vécu de la mémoire se retrouvent encadrés dans un système de places et de dates d'où est éliminée la référence à l'ici et au maintenant absolu de l'expérience vive».[3]*

Comme Ricoeur le montre bien dans deux de ses essais consacrés au rapport entre architecture et narrativité, si l'acte de construire-habiter révèle une double implicite temporalité, de la même manière l'acte narratif révèle une double implicite spatialité : «enchevêtrer la spatialité du récit et la temporalité de l'acte architecturale par l'échange, en quelque sorte, d'espace-temps dans les deux direction» nous permet de «retrouver, à terme, sous la conduite de la temporalité de l'acte architectural, la dialectique de la mémoire et du projet au cœur même de cette activité».[4]

El trabajo de la memoria es, ante todo, un trabajo de inscripción. Este acto reiterado, al mismo tiempo individual, compartido y colectivo, responde a condiciones formales espacio-temporales: «las mutaciones que afectan a la espacialidad y la temporalidad propias de la memoria viva».[2] Las reflexiones de Paul Ricoeur en *La memoria, la historia, el olvido*, sobre la memoria-inscripción nos conducen, de hecho, al descubrimiento, al entrelazamiento entre el tiempo y el espacio: la dialéctica de la subjetividad-objetividad del espacio: «Es, juntos, que el aquí y el allá del espacio vivido por la memoria se encuentran encuadrados en un sistema de lugares y de fechas en los que está eliminada la referencia al aquí y al ahora absoluto de la experiencia viva.»[3]

Tal como Ricoeur lo analiza en sus dos ensayos dedicados a la relación entre arquitectura y narratividad, si el acto de construir-habitar revela una doble temporalidad implícita, así mismo, el acto narrativo revela una doble espacialidad implícita: «Entrelazar la espacialidad del relato y la temporalidad del acto arquitectónico por el intercambio de espacio-tiempo en las dos direcciones» nos permite «volver a encontrar, guiados por la temporalidad del acto arquitectónico, la dialéctica de la memoria y del proyecto en el corazón mismo de este acto».[4]

**Entre narrativité de l'architecture
et spatialité du récit: un nouvel horizon
de l'herméneutique ricœurienne**

*«Architettura e narratività«: le titre de cet
essai ne doit pas induire à l'erreur. La
contribution du philosophe français ne se
limite pas à souligner la composante temporelle
et narrative de l'architecture en proposant
une lecture herméneutique des lieux de
l'habitation, à travers l'application d'une
méthode explicative élaborée auparavant,
à propos du récit. La théorie de la narrativité
est mise en jeu par l'architectonique jusqu'au
point de découvrir la partie inexplorée du
récit, c'est à dire la composante spatiale.
L'entrecroisement de la spatialité et de la
temporalité dans l'architecture constitue
l'horizon du sens d'un parcours le long
duquel il faudra chercher le lien entre le récit
littéraire et le projet inscrit dans la pierre.*

*Le fait de mettre en évidence la dimension
spatiale de la narrativité et le fait de reconnaître
le rapport entre espace et temps constituent
sûrement une nouveauté dans la vision
philosophique de Ricœur dont l'importance
devra être vérifiée. L'ouverture d'un nouveau
champ d'exploration a un effet à rebours :
il faut faire un travail rétrospectif qui mette
en relation l'article en question et les principaux
textes de Ricœur. En ce qui me concerne, je
me limiterais à une simple reconnaissance,
pour tenter de faire pleine lumière sur l'intérêt
et l'originalité de cette ouverture.*

*La question qui est à la base de ce bref
parcours est la suivante: quelle idée d'espace
émerge de l'analyse que fait ici le philosophe
français ? S'il est vrai que, comme l'affirme
Ricœur, il existe une intelligibilité croisée
entre le temps et l'espace et si on peut donc
parler de l'espace du point de vue de la pré-
, con- et refiguration comment considérer
les apories qui restent au premier plan dans
l'étude de la temporalité du récit? Ricœur
établit un lien plus étroit entre l'invention
littéraire et l'expérience vive et ceci à travers
la méditation sur les apories de la temporalité : peut on dire de même de la spatialité?*

Entre la narratividad de la arquitectura y la espacialidad del relato: un nuevo horizonte de la hermenéutica ricoeuriana

«Arquitectura y narratividad»: el título de este ensayo no nos tiene que inducir a error. La contribución del filósofo francés no se limita a subrayar la componente temporal y narrativa de la arquitectura proponiendo una lectura hermenéutica de los lugares del habitar a través de la aplicación de una metodología explicativa elaborada previamente, a propósito del relato. La teoría de la narratividad está comprometida con lo arquitectónico hasta el punto de descubrir el lado inexplorado del relato, es decir su componente espacial. El entrecruzamiento de la espacialidad y de la temporalidad en la arquitectura constituye el horizonte del significado de un recorrido, a lo largo del cual hay que buscar el vínculo entre el relato literario y el proyecto inscrito en la piedra.

El hecho de poner en evidencia la dimensión espacial de la narratividad y de reconocer la relación entre espacio y tiempo constituyen, seguramente, una novedad en la visión filosófica de Ricoeur cuya importancia tendrá que comprobarse. La abertura de un nuevo campo de exploración tiene un efecto a contrapelo: hay que hace un trabajo retrospectivo que ponga en relación el artículo en cuestión y los principales textos de Ricoeur. En mi caso, me limitaré a un simple reconocimiento para intentar mostrar el interés y la originalidad de esta introducción.

La cuestión que está en la base de este breve recorrido es la siguiente: ¿Qué idea de espacio emerge del análisis que hace el filósofo francés? Si es verdad que, como afirma Ricoeur, existe una inteligibilidad cruzada entre el tiempo y el espacio, y si podemos por tanto hablar del espacio desde el punto de vista de la pre-, la con-, y la re-figuración, ¿cómo considerar las aporías que quedan en el primer plano del estudio de la temporalidad del relato? Ricoeur establece un vínculo muy íntimo entre la invención literaria y la experiencia viva, eso es, a través de

Est ce qu'on peut reconnaître que la dimension spatiale a la même ambivalence que la temporalité – temps cosmique (objectif) et temps vécu (subjectif); espace géométrique (objectif) et espace vécu (subjectif) – ambivalence qui aurait au cours de l'étape architectonique la possibilité de se déployer, sans aboutir à un dualisme irrémédiable? L'architecture devrait en ce cas, jouer dans le cadre de l'espace le rôle que joue le récit dans le cadre du temps.

A ce point d'autres questions se posent. Quels sont les modes de la spatialité impliqués par l'habitation-construction? Quelle importance revêt la corporéité et les domaines sensibles et affectifs dans toutes ses formes et sous tous ses aspects? Ce qui ressort d'une première exploration sommaire c'est que tenter de répondre à ces questions, signifie porter la réflexion sur un terrain jusqu'ici «liminal»: celui de l'esthétique – que ce soit du point de vue étymologique, c'est à dire en tant que lieu de réflexion sur ce qui est sensible ou que ce soit en l'identifiant avec le lieu de la théorie de l'art. Traverser une «zone de passage» est d'ailleurs ce à quoi nous pousse l'enseignement ricœurien.

Les trois étapes de la spatialisation : préfiguration, configuration et refiguration

A première vue la juxtaposition du récit à l'architecture semble impossible: le récit appartient au domaine du langage, des signes parlés et écrits, de la composition littéraire; tandis que l'architecture appartient au domaine matériel des formes visibles; de la construction entre ciel et terre.[5] De plus alors que le récit se développe dans le temps, l'édifice architectonique s'élève et se dresse dans l'espace. La recherche est donc vaine?

Le lien qui existe entre le temps raconté et l'espace habité-construit – qui donne raison au double parallélisme entre récit/architecture et temps raconté/espace construit-habité –, est constitué par la dualité qui caractérise les deux éléments: tout comme le temps

la meditación sobre las aporías de la temporalidad: ¿Pocemos decir lo mismo para la espacialidad? ¿Podemos reconocer que la dimensión espacial tiene la misma ambivalencia que la temporalidad –tiempo cósmico (objetivo) y tiempo vivido (subjetivo); espacio geométrico (objetivo) y espacio vivido (subjetivo)-, ambivalencia que tendría, a lo largo de la etapa arquitectónica, la posibilidad de desplegarse, sin llegar a un dualismo irremediable? La arquitectura debería actuar en este caso en el ámbito del espacio y el papel que representa el relato en el ámbito del tiempo.

Llegados a este punto, surgen otras preguntas: ¿Cuáles son los modos de la espacialidad implicados en la «habitación-construcción?» ¿Qué importancia revisten la corporalidad y los campos sensibles y afectivos en todas sus formas y en todos sus aspectos? Lo que destaca de una primera exploración sumaria es que intentar responder a estas preguntas significa llevar la reflexión a un terreno «liminal»: el de la estética- sea desde el punto de vista etimológico, es decir, en tanto que lugar de reflexión sobre lo que es sensible, o sea en la identificación con el lugar de la teoría del arte. Atravesar una «zona de tránsito» es justamente a donde nos lleva la enseñanza ricoeuriana.

Las tres etapas de la espacialidad: prefiguración, configuración y refiguración

A primera vista, la yuxtaposición del relato en la arquitectura parece imposible: el relato pertenece al campo del lenguaje, de los signos hablados y escritos de la composición literaria; mientras que la arquitectura pertenece al campo material de las formas visibles de la construcción entre cielo y tierra.[5] Además, mientras el relato se desarrolla en el tiempo, el edificio arquitectónico se levanta y se impone en el espacio. ¿La investigación es, pues, vana?

El vínculo que existe entre el tiempo contado y el espacio habitado-construido –que da sentido al doble paralelismo

raconté se situe à la jonction entre le temps cosmique, mesurable et le temps vécu, dilaté entre le présent, le passé et le futur, de même manière l'espace architectonique est une dimension que l'on peut calculer mais aussi un lieu où l'on vit. A la dialectique entre l'instant et le présent vif, qui caractérise le temps, correspond une dialectique, du point de vue spatial, entre le point et le lieu.

On peut donc parler d'une intelligibilité croisée qui nous porte à penser que nous ne pouvons pas comprendre l'un sans comprendre l'autre. Reconnaître les trois moments de préfiguration, configuration et refiguration – qui sont caractéristiques de la mimesis temporelle-narrative – dans le domaine spatial-architectonique est le chemin qui porte à la mise en évidence du double enracinement spatio-temporel du langage, qu'il soit narratif ou architectonique.[6]

La préfiguration de l'espace

Pour mieux expliquer ce qu'il veut dire par préfiguration, Ricœur fait appel à la différence entre le niveau quotidien et le niveau artistique du langage. En ce qui concerne le récit il existe un véritable «saut» entre le langage conversationnel du récit ordinaire et le langage littéraire du récit de fiction.[7] On peut dire la même chose au sujet de l'architecture: le projet architectonique suppose un éloignement, une prise de distance – même si elle est momentanée – de l'utilisation quotidienne de l'espace.

Ce saut n'implique pas une absolutisation des deux étapes, puisque l'une est étroitement liée à l'autre: la distanciation de l'acte littéraire et artistique en général – et donc architectonique aussi – prend racine dans la pré-compréhension du monde de l'action. Comme on verra plus clairement dans le paragraphe consacré à la configuration, ceci se passe à travers la double modalité du mythos – traduit par intrigue, – et de la mimesis – traduit par imitation créatrice: tous les deux ont pour objet le monde humain en tant que lieu où se suivent et se croisent

entre relato/arquitectura y tiempo contado/espacio construido-habitado– está construido por la dualidad que caracteriza los dos elementos: así como el tiempo contado se sitúa en el cruce entre el tiempo cósmico, mensurable, y el tiempo vivido, dilatado entre el presente, el pasado y el futuro, el espacio arquitectónico es una dimensión que se puede calcular pero también un lugar donde se puede vivir. A la dialéctica entre el instante y el presente vivo, que caracteriza el tiempo, le corresponde una dialéctica, desde el punto de vista espacial, entre el punto y el lugar.

Podemos hablar, pues, de una inteligibilidad cruzada que nos lleva a pensar que no podemos entender el uno sin el otro. Reconocer los tres momentos de prefiguración configuración y refiguración –que son característicos de la mimesis temporal-narrativa– en el campo espacio-arquitectónico es el camino que permite evidenciar un doble arraigo espaciotemporal del lenguaje, tanto narrativo como arquitectónico.[6]

La prefiguración del espacio

Para explicar mejor lo que significa la palabra *prefiguración*, Ricoeur recurre a la diferencia entre el nivel cotidiano y el nivel artístico del lenguaje. En relación con el relato, existe un verdadero salto entre el lenguaje conversacional del relato ordinario y el lenguaje literario del relato de ficción.[7] Podemos decir lo mismo sobre la arquitectura: el proyecto arquitectónico supone una toma de distancia –aunque momentánea– de la utilización cotidiana del espacio.

Este salto no implica una absolutización de las dos etapas, puesto que la primera está íntimamente vinculada con la segunda: el distanciamiento del acto literario y artístico en general –y, por tanto, también arquitectónico– tiene sus orígenes en la precomprensión del mundo de la acción. Como veremos con más claridad en el párrafo dedicado a la *configuración*, eso ocurre a través de la

des actions. *Comme Ricœur avait observé parlant de la production des récits, avant l'imitation narrative, il y a un langage «pré-narratif» se référant à la structure de l'expérience – qui peut être également définie comme pré-narrative –, qui se forme autour de l'enchevêtrement du projet, du souvenir et du vécu présent.*[8]

Au fond cette structure, tout comme le langage qui lui appartient et qui la révèle, précède le récit ordinaire de conversation. En ce qui concerne ce premier genre de pratique narrative il faut signaler que la question de l'identité narrative naît précisément ici au niveau de la préfiguration, de la pré-compréhension. Comme souligne justement Hannah Arendt, reprise par Ricœur, les histoires de vie nous proposent des sujets qui, en accomplissant – et l'on pourrait ajouter en subissant – des actions s'exposent eux mêmes.[9]

Ce qui est intéressant c'est que pour Ricœur le parallélisme entre «la pratique du temps» et la «pratique de l'espace» est évident dès le début de la figuration. En suivant cette analogie, selon la méthode appliquée à la figuration du temps, on peut tracer une esquisse de la «pratique de l'espace» au sein de la préfiguration: ce qui émerge c'est le lien indissoluble qui existe entre habiter et construire. Les actions qui sont liées au fait d'habiter et de construire sont considérées dans leur répétition quotidienne et habituelle: se demander si les unes précèdent les autres est un exercice inutile. Ce n'est que plus tard qu'il sera possible d'introduire une distinction, puisqu'il existe une certaine prééminence de l'acte de construire sur l'acte d'habiter durant la configuration, et inversement il existe une prééminence de l'acte d'habiter sur l'acte de construire durant la refiguration.

A ce niveau pré-achitectonique de l'acte d'habiter-construire se profile le monde quotidien de la vie de l'homme: la spatialité sur laquelle il s'interroge est donc celle de la Lebenswelt, du geste spatialisant ordinaire. Pour donner quelques exemples Ricœur

doble modalidad del «*mythos*» –traducido por *intriga*, y de la *mimesis* –traducida por *imitación creativa*: ambos tienen como objeto el mundo humano, en el sentido de lugar donde se siguen y se cruzan acciones. Como Ricoeur había observado hablando de la producción de los relatos, antes de la imitación narrativa, hay un lenguaje «prenarrativo», refiriéndose a la estructura de la experiencia –que puede también ser definida como pre-narrativa–, que se forma al entrelazar el proyecto, el recuerdo y el presente vivido.[8]

En el fondo, esta estructura, como el lenguaje que le pertenece y que la pone en relieve, precede al relato ordinario de la conversación. En lo que concierne a este primer género de práctica narrativa, cabe señalar que la cuestión de la identidad narrativa nace precisamente aquí, en el nivel de la prefiguración y de la precomprensión. Como justamente subraya Hannah Arendt, y más adelante Ricoeur, las historias de vida nos proponen sujetos que, cumpliendo –y aun sufriendo– acciones, se exponen ellos mismos.[9]

Lo interesante es que, para Ricoeur, el paralelismo entre la «práctica del tiempo» y la «práctica del espacio» es obvia desde el principio de la figuración. Siguiendo esta analogía, según el método aplicado a la figuración del tiempo, se puede esbozar la «práctica del espacio» en el seno de la prefiguración: lo que surge es el vínculo indisoluble que existe entre habitar y construir. Las acciones vinculadas al hecho de habitar y de construir están consideradas en su repetición cotidiana y habitual: preguntar si las primeras preceden a las demás es un ejercicio inútil. Pero será posible introducir más tarde una distinción, porque existe una cierta preeminencia del acto de construir sobre el acto de habitar durante la configuración, y al revés, existe una preeminencia del acto de habitar sobre el acto de construir durante la fase de refiguración.

En este nivel prearquitectónico del acto de habitar-construir se perfila el mundo cotidiano de la vida humana: la

énumère une série d'actions: se protéger grâce à un toit, délimiter l'espace choisi grâce à des parois, régler le rapport entre le dehors et le dedans grâce à des fermetures et des ouvertures, organiser et définir l'espace habité selon des critères d'orientation comme le haut, le bas, le nord et le sud, l'est et l'ouest.[10]

Il s'agit de gestes qui impliquent des actes. S'arrêter, se fixer, s'installer; d'autres gestes sont impliqués: aller et venir, entrer et sortir, parcourir des routes des rues, des places et des lieux qui semblent compléter l'acte d'habiter-construire. L'acte d'habiter est marqué par des rythmes d'arrêt et de mouvement de fixation et de déplacement de plus le lieu de l'habiter peut être considérée comme un système de lieux à l'intérieur duquel la maison et la ville entrent dans une dimension de relation réciproque.[11]

On peut à présent se demander quels sont les effets d'une telle argumentation sur le parallélisme entre la narrativité et l'architecture. En ce qui concerne le rapport temps-espace comment le récit renvoie-t-il à l'espace habité? Il est facile de constater que toutes les histoires se passent dans un espace, que les actions qui se déroulent dans des lieux déterminés contribuent à la disposition spatiale des choses, que le récit évoque des parcours qui vont d'un lieu à l'autre. En ce qui concerne le rapport espace-temps: comment l'espace habité renvoie-t-il à la temporalité narrative? L'espace, observe Ricœur, qu'il s'agisse de fixation ou de circulation, consiste en un système de rites pour les grandes interactions de la vie, d'autre part les lieux sont des points où quelque chose arrive où le changement temporel suit un parcours spatial, un trajet effectif le long d'intervalles qui séparent et rapprochent les lieux.

A mon avis, pour mieux comprendre les implications réciproques de temporalité narrative et de spatialité architectonique, il faut rappeler que les idées de temps et d'espace impliquées dans cette première étape de la figuration ont leurs racines dans

espacialidad sobre la cual él se está interrogando es la de *Lebenswelt*, del gesto espacializante ordinario. Ricoeur enumera una serie de acciones como ejemplo: protegerse gracias a un techo, delimitar el espacio elegido mediante las paredes, solucionar la relación entre el afuera y el dentro por medio de cerraduras y aberturas, organizar y definir el espacio habitado según los criterios de orientación, como abajo, arriba, norte, sur, este, oeste.[10]

Son gestos que implican actos. Pararse, fijarse, instalarse; otros gestos están implicados: ir y venir, entrar y salir, recorrer carreteras, calles y lugares que parecen completar el acto de habitar-construir. El acto de habitar está marcado por ritmos de parada y de movimiento, de fijación y de desplazamiento; además, el lugar del habitar puede estar considerado como un sistema de lugares en cuyo interior la casa y la ciudad entran en una dimensión de relación reciproca.[11]

Podemos ahora preguntarnos cuáles son los efectos de tal argumentación sobre el paralelismo entre la narratividad y la arquitectura. En lo que concierne a la relación tiempo-espacio, ¿de qué modo el relato nos devuelve al espacio habitado? Es sencillo constatar que todas las historias tienen lugar en un espacio, que las acciones que se desarrollan en lugares determinados contribuyen a la disposición espacial de las cosas, que el relato evoca recorridos que van de un lugar a otro. En lo relativo a la relación espacio-tiempo, ¿cómo el espacio habitado nos devuelve a la temporalidad narrativa? El espacio, observa Ricoeur, se refiere a fijación o circulación; consiste en un sistema de ritos para las grandes interacciones de la vida; por otra parte, los lugares son puntos donde algo está ocurriendo, donde el cambio temporal sigue un recorrido espacial, una trayectoria efectiva a lo largo de intervalos que separan y acercan los lugares.

Pienso que, para entender mejor las implicaciones recíprocas de la temporalidad narrativa y de la espaciali-

la dimension de la Lebenswelt. *On doit donc se demander ce qu'on entend par spatialité de la* Lebenswelt *dans ce contexte.*

Si, pour l'acte d'habiter-construire on a parlé d'actions et de gestes spatialisants, n'a-t-on pas mis tacitement en jeu la corporéité? Le rythme d'arrêt et de mouvement n'implique-t-il pas l'existence d'un corps qui bouge et vit dans l'espace? Le haut et le bas, le nord et le sud, l'est et l'ouest, ne doivent – ils pas être considérés par rapport à un habitant constructeur qui bouge et s'arrête «grâce à son corps»? Mais un corps qui bouge et s'arrête est un corps qui vit l'expérience de l'espace sur le plan de la sensibilité : il sent, non seulement il agit, mais il souffre. Quel rapport se crée-t-il donc entre le sens que l'on donne à l'espace sur le plan de l'ordre habité et de construction projetée et les sens d'un corps qui non seulement bouge et s'arrête meut et est mû? Qui connaît le rythme double de l'arrêt et de la traversée, de l'activité et de la passivité du mouvement, de l'orientation et de la désorientation, c'est à dire du dépaysement?

Ce que je viens de dire peut être confirmé par un passage décisif de la dixième étude qui a pour titre «Vers quelle ontologie?» de Soi même comme un autre.[12] *Dans ce chapitre Ricœur confirme la priorité de la dialectique entre l'ipséité et l'altérité ; elle est polysémique et implique que l'autre ne soit pas seulement l'altérité d'un autre. Se demander ce qu'est l'altérité veut dire prendre en considération les diverses expériences de passivité impliquées et mêlées à l'action humaine. L'enquête parcourt la zone de franchissement de la phénoménologie et de l'ontologie: sur le plan de la phénoménologie l'altérité correspond aux diverses expériences de la passivité: «à cet égard, je suggère à titre d'hypothèse de travail ce qu'on pourrait appeler le trépied de la passivité, et donc de l'altérité. D'abord, la passivité résumée dans l'expérience du corps propre, ou mieux [...] de la* chair, *en tant que médiatrice entre le soi et un monde lui-même pris selon ses dégres variable de praticabilité et donc*

dad arquitectónica, hay que recordar que las ideas de tiempo y espacio implicadas en esta primera etapa de la figuración tienen sus orígenes en la dimensión de la *Lebenswelt*. Hay que preguntarse, pues, ¿qué entendemos con la espacialidad de la *Lebenswelt* en este contexto?

Si, por el acto de habitar y de construir, hemos hablado de acciones y de gestos espacializantes, ¿no hemos comprometido tácitamente la corporeidad? El ritmo de parada y de movimiento ¿no implica la existencia de un cuerpo que se mueve y que vive en el espacio? El arriba y el abajo, el norte y el sur, el este y el oeste ¿no tienen que ser considerados en relación con un habitante constructor que se mueve y se para «gracias a su cuerpo»? Pero un cuerpo que se mueve y se para es un cuerpo que vive la experiencia del espacio desde un punto de vista sensible: siente, no sólo actúa, sino que sufre. Entonces, ¿qué relación se crea entre el sentido que damos a espacio, desde un punto de vista del orden habitado y de la construcción proyectada, y los sentidos de un cuerpo que se mueve y se para, que mueve y está movido? ¿Quién conoce el doble ritmo de la parada y de la travesía, de la actividad y de la pasividad del movimiento, de la orientación y de la desorientación, es decir, del extrañamiento?

Lo que acabo de decir puede ser confirmado por un pasaje decisivo del décimo estudio que se titula: «¿Hacía qué ontología?» *de Sí mismo como otro*.[12] En este capítulo, Ricœur confirma la prioridad de la dialéctica entre la ipseidad y la alteridad; ésta es polisémica e implica que el otro no sea solamente la alteridad del otro. Preguntarse qué es la alteridad significa tomar en consideración las varias experiencias de pasividad implicadas y mezcladas en la acción humana. La investigación recorre la zona de tránsito de la fenomenología y de la ontología; en el campo de la fenomenología, la alteridad corresponde a las experiencias varias de la pasividad: «a este respecto propongo como hipótesis de trabajo lo que

d'étrang(èr)eté. Ensuite, la passivité impliquée par la rélation de soi à l'étranger, au sens précis de l'autre que soi, et donc l'altérité inhérente à la rélation d'intersubjectivité. Enfin, la passivité la plus dissimulée, celle du rapport de soi à soi-même qu'est la conscience, au sens de Gewissen plutôt que de Bewusstsein».[13]

Dans ce contexte ce qui est important c'est la première forme de passivité donc d'altérité, c'est à dire celle qui concerne le corps propre: le corps propre ou bien la chair est la première figure de passivité-altérité grâce à laquelle il est possible de lier la phénoménologie et l'ontologie. Les réflexions de Ricœur se basent sur cette thèse: le phénomène du corps propre a un caractère énigmatique: en effet notre corps appartient au règne des choses mais aussi au règne du soi, c'est pour cela que «le corps propre se révèle comme le médiateur entre l'intimité du moi et l'extériorité du monde».[14] La spatialité de la Lebenswelt semble avant tout une spatialité corporelle. La contribution apportée par la phénoménologie de Husserl à ce qu'on pourrait appeler une ontologie de la chair est, selon Ricœur, paradoxalement plus importante que celle de Heidegger. Avant tout parce que la distinction entre Leib et Körper qu'il faut traduire par «chair» et «corps», occupe sûrement dans les Méditations cartésiennes une position stratégique, mais seulement en vue de l'appariement d'une chair avec une autre chair, sur la base de laquelle peut se constituer une nature commune: «finalement, cette problématique reste, quant à sa visée fondamentale, celle de la constitution de toute réalité dans et par la conscience, constitution solidaire des philosophies du Cogito». Deuxièmement parce que malgré sa rupture avec la problématique de la constitution basée sur l'intentionnalité de la conscience, Sein und Zeit de Heidegger n'a expliqué aucune ontologie de la chair. C'est dans les Méditations cartésiennes de Husserl, c'est à dire dans l'œuvre plus manifestement destinée au renouvellement de l'idéalisme transcendantal, que l'on peut

podemos llamar el *trípode de la pasividad* y, de ahí, de la alteridad. En primer lugar, la pasividad resumida en la experiencia de un cuerpo propio o, mejor dicho [...] de la *carne* como mediadora entre uno mismo y un mundo también entendido según grados variables de practicabilidad y, en consecuencia, de extranjería. En segundo lugar, la pasividad que implica la relación de uno mismo hacia el extranjero, en el sentido preciso del otro que es y, por tanto, la alteridad inherente a la relación de intersubjetividad. Por fin, la pasividad más oculta, la de la relación de sí hacia sí mismo, que es la conciencia, en el sentido de *Gewissen* más que de *Bewusstsein*.[13]

En este contexto, lo que es importante es la primera forma de pasividad y, por tanto, de alteridad, es decir la que concierne al propio cuerpo: el propio cuerpo o bien la carne es la primera figura de pasividad-alteridad gracias a la cual es posible relacionar la fenomenología y la ontología. Las reflexiones de Ricoeur se funden en esta tesis: el fenómeno del propio cuerpo tiene un carácter enigmático. En efecto, nuestro cuerpo pertenece al reino de las cosas pero también al reino del «sí»; es por eso que «el propio cuerpo se revela como mediador entre la intimidad del yo y la exterioridad del mundo».[14] La espacialidad de la *Lebenswelt* parece, ante todo, una espacialidad corporal. La contribución aportada por la fenomenología de Husserl a lo que puede llamarse una ontología de la carne es, según Ricoeur, paradójicamente más importante que la de Heidegger. En primer lugar porque la distinción entre *Leib* y *Körper* –que hay que traducir por «carne» y «cuerpo»– ocupa seguramente en las *Meditaciones cartesianas* una posición estratégica, pero sólo con miras al apareamiento entre una carne con otra carne, sobre la base de la cual se puede constituir una naturaleza común: «Finalmente, esta problemática queda, en cuanto a su *intención* fundamental, en la de la constitución de cada realidad en y por la conciencia, constitución solidaria de las filosofías del *cogito*». En segundo lugar, porque, a pesar de su ruptura con la problemática de la constitución basada

trouver la tentative plus significative d'élaboration d'une ontologie de la chair.

Selon ce qu'affirme Didier Frank – qui a consacré deux essais significatifs, cités à plusieurs reprises par Ricœur, à l'importance de la question de l'«incarnation» et au rapport chair-corps pour Husserl tout comme pour Heidegger – le thème de l'incarnation, implicite dans la «donation en chair et en os» aurait pour Husserl précédé celui de la chair, c'est à dire la distinction entre le corps physique, objectif (Körper) et le corps organique (Leib): «la donation incarnée qui définit en général (avant toute critique et donc toute problème d'apodicticité, par exemple) ne doit pas être prise pour une métaphore, une manière de dire, un trait propre au style de Husserl».[15] Selon Ricœur, il faut ajouter que, alors que d'un côté la chair devient l'organe de la volonté, le support de la liberté de mouvement – en un mot la possibilité de parler d'une nature "propre" – de l'autre elle ne peut être l'objet d'un choix, d'une volonté. Ceci veut dire qu'il existe «une altérité prime de la chair au regard de toute initiative, [...] au regard de tout dessein*».[16]*

A mon avis s'il y a une altérité, s'il existe une expérience de passivité avant tout dessein, avant tout projet cela veut dire que la spatialité de l'acte de construire-habiter, appartenant au moment de la préfiguration – dont j'ai souligné la corporéité – met en jeu un homme constructeur-habitant non seulement actif, non seulement agent mais aussi passif et souffrant. Les gestes qui caractérisent la spatialité de la Lebenswelt seront donc introduits dans cette dynamique du propre et de l'autre qu'une réflexion sur la corporéité aide à révéler.

Retournons à Husserl, dans une tentative, possible selon Ricœur, de séparer son ontologie phénoménologique de la chair de sa phénoménologie transcendantale qui remonte à l'époque des Méditations cartésiennes*, ce qui doit être considéré avec grande attention c'est la spatialité de la corporéité charnelle.*

en la intencionalidad de la conciencia, *El ser y el tiempo* de Heidegger no ha explicado ninguna ontología de la carne. Es en las *Meditaciones cartesianas* de Husserl, es decir, en la obra más dedicada a la renovación del idealismo trascendental, donde se encuentra la tentativa más significativa de elaboración de una ontología de la carne.

Según afirma Didier Frank –quien ha dedicado dos ensayos significativos, citados varias veces por Ricoeur, a la importancia de la cuestión de la «encarnación» y de la relación carne-cuerpo tanto para Husserl como para Heidegger–, el tema de la encarnación, implícita en su «donación en carne y en huesos», habría precedido para Husserl al de la carne; es decir, la distinción entre el cuerpo físico, objetivo (*Körper*), y el cuerpo orgánico (*Leib*): «La donación encarnada que define en general (antes de todas las críticas y, por tanto, de todos los problemas de apodicticidad, por ejemplo) no debe tomarse como una metáfora, un modo de decir, un rasgo propio al estilo de Husserl».[15] Según Ricoeur, hay que añadir que, mientras por un lado la carne se convierte en el órgano de la voluntad, el soporte de la libertad de movimiento –en una palabra, la posibilidad de hablar de una naturaleza «propia»– por otro lado, no puede ser el objeto de una elección, de una voluntad. Eso significa que existe «una alteridad primera de la carne con respecto a cada iniciativa [...], respecto de todo *dessein*».[16]

A mi parecer, si hay una alteridad, si existe una experiencia de pasividad antes de todo intento, de todo proyecto, eso significa que la espacialidad del acto de construir-habitar, que pertenece al momento de la prefiguración –del cual he subrayado la corporeidad– pone en juego a un hombre constructor-habitante no solamente como agente activo, sino también como pasivo y que sufre. Los gestos que caracterizan la espacialidad de la *Lebenswelt* estarán pues enmarcados en esta dinámica de lo propio y del otro que una reflexión sobre la corporeidad ayuda a revelar.

La distinction entre la chair et le corps implique une distinction à l'intérieur de la conception de l'espace: d'un côté l'espace objectif en tant que dimension mesurable, quantifiable, de l'autre côté un espace qui n'est pas objectif, où les critères d'orientation dépendent des mouvements du corps vivant et ne sont donc pas fixés à l'avance. La distinction entre ici et là bas, entre près et loin, ne peut être réduite à une localisation avec des points de repère objectifs: «dire que la chair est ici absolument, donc hétérogène à tout système de coordonnées géométriques, c'est dire équivalemment qu'elle n'est nulle part en terme de la spatialité objective».[17]

Il s'agit à présent de conjuguer les deux modes de la spatialité, en partant de ce qui a été défini comme le caractère énigmatique et ambivalent du corps propre: mon corps n'est pas uniquement chair, mais c'est aussi un corps parmi les autres corps. C'est en ce point que la phénoménologie husserlienne se révèle limitée : elle est incapable de concevoir la mondanisation de la chair, le fait d'être un corps parmi les corps, et par conséquent l'objectivation de l'espace vécu. Ricœur avait eu le même problème dans Temps et Récit, en ce qui concerne le temps: «la réinscription du temps phénoménologique dans le temps cosmologique, trouve ici une série d'équivalents: de même qu'il faut inventer le calendrier pour corréler le maintenant vécu avec un instant quelconque, et la carte géographique pour corréler le ici charnel avec un lieu quelconque, et inscrire le nom propre – le mien – sur les registres de l'état civil, de même faut-il, comme le dit même Husserl, mondanéiser la chair pour qu'elle apparaisse comme un corps parmi les corps».[18] Le fait que Husserl n'aie pas réalisé cette opération est, selon Ricœur, parce qu'il ne reconnaît pas la dialectique ipséité-altérité qui concerne comme nous l'avons vu auparavant, également le moi en tant que corps propre.

Est-ce Heidegger qui devra répondre de manière adéquate au paradoxe existant entre le corps-chair et le corps parmi les corps,

Volvemos a Husserl en un intento, posible según Ricoeur, de separar su ontología fenomenológica de la carne de su fenomenología trascendental, que se remonta a la época de las *Meditaciones cartesianas*, lo que debe que considerarse con gran cuidado es la espacialidad de la corporeidad carnal. La distinción entre la carne y el cuerpo implica una distinción en el corazón mismo de la concepción del espacio: por un lado, el espacio objetivo como dimensión mensurable, cuantificable; por otro lado, un espacio que no es el objetivo, donde los criterios de orientación dependen de los movimientos del cuerpo vivo y, por tanto no están fijados con anticipación. La distinción entre el *aquí* y el *ahí*, entre el *cerca* y el *lejos*, no puede reducirse a una localización con el punto de referencia objetivo: «decir que la carne está aquí absolutamente y, por tanto, que es heterogénea a todo el sistema de coordenadas geométricas, equivale a decir que no está en ninguna parte, en términos de espacialidad objetiva».[17]

Se trata ahora de conjugar los dos modos de espacialidad, empezando por lo que se ha definido como carácter enigmático y ambivalente del cuerpo propio: mi cuerpo no es sólo carne; es también un cuerpo entre los otros cuerpos. Es en este punto que la fenomenología husserliana se revela limitada: es incapaz de concebir la *mundanalidad* de la carne, el hecho de ser un cuerpo entre los cuerpos y, por consiguiente, la objetivación del espacio vivido. Ricoeur tiene el mismo problema en *Tiempo y relato*, en lo que se refiere al tiempo: «la reinscripción del tiempo fenomenológico en el tiempo cosmológico encuentra aquí una serie de equivalentes: así como hay que inventar el calendario para correlacionar lo ahora vivido con un instante cualquiera, y la carta geográfica para correlacionar el aquí carnal con un lugar cualquiera, e inscribir el nombre propio –el mío– en los registros del estado civil, del mismo modo, dice Husserl, hay que *mundanear* la carne para que aparezca como un cuerpo entre los cuerpos».[18] Si Husserl no ha realizado esta operación es, según Ricoeur, porque no recono-

et donc au paradoxe de la spatialité, objective et en même temps vécue? L'horizon philosophique de Sein und Zeit *semble plus approprié à cette opération: «en substituant la structure englobante de l'être-dans-le-monde au problème de la constitution d'un monde dans et par la conscience, en appellant Dasein, être-là, l'étant, qui n'appartient pas à l'ensemble des étants tout donnés et maniables, Heidegger n'a-t-il pas liberé en principe la problématique du corps propre de l'épreuve d'une réduction au propre, à l'interieur de la réduction générale de tout être «allant de soi»? En progressant régréssivement du sens de la «mondanéité» englobante au sens du «dans», n'a-t-il pas pointé le lieu philosophique de la chair? Bien plus, n'a-t-il pas fait place à l'affection (Befindlichkeit), au delà de toute psychologie des affects, dans la constitution existentiale du là?».[19]*

En d'autres termes: n'y avait-il pas dans Sein und Zeit *les prémisses nécessaires pour développer une analyse de la spatialité du corps et de là à la spatialité tout court dans son rapport avec la temporalité? Selon Ricœur la catégorie de* Geworfenheit *aurait permis une reprise de l'enquête sur le corps en tant que chair et en tant que corps parmi les corps: l'effectivité qui caractérise le Dasein indique d'un côté une ouverture, donc un rapport originaire avec une altérité – qu'elle soit externe ou non – et de l'autre la intimité de l'être-là et des manières d'apparaître du monde.*

Pourquoi dans Sein und Zeit *Heidegger semble-t-il tant réticent à l'égard d'un argument, celui de la corporéité et de la spatialité qui y est impliquée, bien qu'il soit urgent? C'est sur cette question que se base* Frank *dans son deuxième essai,* Heidegger et le problème de l'espace *que* Ricœur *démontre de suivre dans ses passages plus importants.[20] L'obstacle qui se trouve sur le parcours de* Sein und Zeit *et qui empêche une approche convenable du problème de l'incarnation et de la spatialité est constitué par l'irréductibilité de la spatialité au sens ontologique originaire de la temporalité du* Dasein, *c'est à dire de*

ce la dialéctica ipseidad-alteridad, que concierne, como hemos visto antes, también al yo en tanto que propio cuerpo.

¿Es Heidegger quien deberá responder, de manera adecuaca, a la paradoja existente entre el cuerpo-carne y el cuerpo entre los cuerpos y, por tanto, a la paradoja de la espacialidad objetiva vivida al mismo tiempo? El horizonte filosófico de *El ser y el tiempo* parece más apropiado a esta operación: «substituyendo la estructura globalizante del estar-en-el-mundo por el problema de la constitución de un mundo en y por la conciencia, llamado *Dasein*, estar aquí, el estar que no pertenece al conjunto de los estar totalmente dados y manejables, ¿no ha conseguido Heidegger liberar en principio la problemática del cuerpo propio de la prueba de una reducción al propio, en el interior de la reducción general de todo ser dispuesto para sí? Progresando regresivamente del sentido de la «mundaneidad», engloba el sentido del «en», ¿no ha sabido enfocar el lugar filosófico de la carne? Más bien, ¿no ha dado lugar a la afección (*Befindlichkeit*), más allá de toda psicología de afectos, en la constitución existencial del «allí?».[19]

En otras palabras: ¿no había en *El ser y el tiempo* las premisas necesarias para desarrollar un análisis desde la espacialidad del cuerpo y del allí hasta la espacialidad en sí misma en su relación con la temporalidad? Según Ricoeur, la categoría de *Geworfenheit* habría permitido una continuación de la investigación sobre el cuerpo como carne y como cuerpo entre cuerpos: la efectividad que caracteriza el *Dasein* indica, por un lado, una apertura y, por consiguiente, una relación originaria con una alteridad –sea externa o no– y, por otro lado, la intimidad del estar-aquí y de los modos de aparecer del mundo.

¿Por qué en *El ser y el tiempo* Heidegger parece tan reticente con respecto a un argumento, el de la corporeidad y de las espacialidades implicadas, aunque sea urgente? Frank se basa en esta cuestión en su segundo ensa-

la Zeitlichkeit. Dans son essai Frank indique les lieux de ce parcours où plus l'effort de réduction est obstiné moins il est convainquant.[21]

Parler de réalité en tant que Vorhandenheit, d'être à la portée de la main, implique que le Dasein instaure avant tout un rapport avec la réalité par le biais de la main, donc par le biais du corps. L'étant à portée de la main n'a pas une finalité propre; il ne l'acquière qu'en établissant un rapport avec la main, ou bien avec le Dasein incarné: le Dasein en tant que projet et référence signifiante est la condition ontique de la possibilité qu'a l'étant en tant qu'utilisable.[22] Donc la main, observe Franck, est la seule chose dotée d'une finalité propre; elle constitue l'exception: elle détermine la loi de l'attribution de la finalité.[23] S'il existe quelque chose comme le processus d'attribution de la finalité c'est parce qu'il y a la main. Le sens de la finalité, du projet du Dasein est donné par la main, par quelque chose de physique, d'organique, de charnel. La présence du corps, et donc de l'incarnation du Dasein, est par conséquent décisive. Cette importance résulte du fait d'être en même temps au dehors et à l'intérieur.

Tout ceci est contraire à ce que Heidegger soutient à propos de la neutralité du Dasein. La neutralité a pour effet de soustraire le Dasein de toute anthropologie et elle est considérée comme la condition de possibilité pour toute existence incarnée. Mais de quel manière le Dasein neutre est-il la possibilité de l'incarnation? Dans quel existential peut-on introduire la chair? Si d'un côté la vie et la chair semblent n'être ni définissables ni interprétables du point de vue existentiel, de l'autre parler d'existence nous oblige nécessairement à parler de main, de chair.[24]

L'impossibilité de résoudre cette contradiction porte Heidegger à se concentrer plus sur la spatialité de l'utilisable, de l'être-à-portée-de-la-main que sur la main en tant que chair. Dans le § 70 de Sein und Zeit Heidegger arrive à affirmer que le lieu de l'utilisable n'est pas donné une fois pour toutes, n'est pas un espace géométrique; on assigne à

yo, Heidegger y el problema del espacio, que Ricoeur demuestra seguir en sus pasajes más importantes.[20] El obstáculo que se encuentra en el recorrido de El ser y el tiempo y que impide un acercamiento conveniente al problema de la encarnación y de la espacialidad está constituido por la irreductibilidad de la espacialidad, en el sentido ontológico originario de la temporalidad del Dassein, es decir, de la Zeitlichkeit. En su ensayo, Frank indica los lugares de este recorrido en que, cuanto más obstinado es el esfuerzo de reducción, menos convincente resulta.[21]

Hablar de la realidad en tanto que Vorhandenheit, al alcance de la mano, implica que el Dasein establece ante todo, una relación con la realidad por medio de la mano y, por tanto, del cuerpo. El estar llevado «de mano» no tiene una finalidad propia; no la adquiere más que estableciendo una relación con la mano, o bien con el Dasein encarnado: el Dasein, como proyecto y referencia significante, es la condición óntica de la posibilidad que tiene el ser como utilizable.[22] Por eso, la mano, observa Frank, es la única cosa dotada de una finalidad propia; constituye la excepción: determina la ley de la atribución de la finalidad.[23] Si existe algo como el proceso de atribución de la finalidad es porque hay una mano. El sentido de la finalidad del proyecto del Dasein viene dado por la mano, por algo físico, orgánico, carnal. La presencia del cuerpo y, por tanto, de la encarnación del Dasein, es pues decisiva. Esta importancia resulta del hecho de estar, al mismo tiempo, fuera y dentro.

Todo eso es contrario a lo que Heidegger sostiene a propósito de la neutralidad del Dasein. La neutralidad tiene como efecto sustraer el Dasein de toda antropología y está considerada como la condición de posibilidad para toda existencia encarnada. Pero, ¿de qué modo el Dasein neutro es la posibilidad de la encarnación? ¿En qué existencia podemos introducir la carne? Si, por un lado, la vida y la carne parecen no ser definibles ni interpretables desde el punto de vista existencial; por otro

l'utilisable un lieu selon son utilisation et selon le projet du Dasein qui détermine l'orientation. Il y a donc deux priorités: celle du monde sur l'espace et donc on peut parler d'une mondanisation de l'espace; et celle de la temporalité sur la spatialité et donc on peut parler de temporalisation de l'espace.

Ceci nous porte inévitablement à conclure que l'espace est quelque chose de dérivé, qui n'est pas originaire. Ce n'est que plus tard dans les textes suivants Die Kunst und der Raum,[25] Bemerkungen zur Kunst - Plastik - Raum[26] et Zeit und Sein[27] que Heidegger cesse de soutenir cette thèse. Mais le fait est que le passage de l'ontologie fondamentale à la topologie de l'être si d'un côté il semble possible à cause du nouveau rôle accordé à la question de l'espace, de l'autre côté – et ici nous en venons à la critique que Ricœur adresse à Heidegger – l'événement en tant que Zeit-Raum semble ne pas tenir compte de la spatialité de la chair.

La thèse que Frank soutient tout au long du parcours de son étude, est que l'inachèvement de Sein und Zeit est l'impossibilité de soumettre la chair à l'extase temporelle et donc de réduire la spatialité primitive-originaire de la chair à la spatialité dérivée du temps extatique. Se rapportant à son essai sur Husserl cité auparavant, Frank peut dire que «tout comme l'analytique existentiale du Dasein, celle, intentionelle, de la conscience, vient s'engraver sur le problème de la chair».[28] C'est pour cela que l'auteur ressent le besoin urgent d'élaborer une pensée de l'incarnation, dans ses implications spatiales déterminantes qui sachent surmonter les impasses de Husserl et de Heidegger.

A ce point, si la spatialité corporelle est en relation avec le tournant herméneutique linguistique inauguré par Heidegger, il devient nécessaire d'indiquer le lien entre le caractère herméneutique de notre rapport avec le monde et la spatialité corporelle. L'herméneutique de Ricœur, sous les aspects que j'ai essayé d'éclairer, peut constituer un précieux apport en ce sens. L'intelligibilité croisée de la

lado, hablar de existencia nos obliga necesariamente a hablar de la mano, de la carne.[24]

La imposibilidad de resolver esta contradicción lleva a Heidegger a concentrarse más en la espacialidad de lo utilizable, del estar-al-alcance-de-la-mano como carne. En el punto 70 de *El ser y el tiempo*, Heidegger afirma que el lugar de lo utilizable no se da una vez solamente; no es un espacio geométrico; asignamos a lo utilizable un lugar según su utilización y según el proyecto del *Dasein* que determina la orientación. Así pues, hay dos prioridades: la del mundo sobre la espacialidad –y, en este caso, podemos hablar de un espacio mundano– y la de la temporalidad sobre la espacialidad –y, en este otro caso, podemos hablar de temporalidad del espacio.

Eso nos lleva inevitablemente a concluir que el espacio es algo derivado, que no es originario. Sin embargo, más tarde, en los textos siguientes *Die Kunst und der Raum*,[25] *Bemerkungen zur Kunst – Plastik – Raum*[26] y *Zeit und Sein*,[27] Heidegger deja de sostener esa tesis. Pero el hecho es que el paso de la ontología fundamental a la topología del ser, si por un lado parece posible a causa del nuevo papel otorgado a la cuestión del espacio, por otro lado –y aquí, llegamos a la crítica que Ricoeur dirigió a Heidegger– el acontecimiento como *Zeit-Raum* no parece tener en cuenta la espacialidad de la carne.

La tesis que Frank sostiene a lo largo de su estudio consiste en que el incumplimiento de *El ser y el tiempo* es la imposibilidad de someter la carne al éxtasis temporal y, pues, de reducir la espacialidad primitiva-originaria de la carne a a espacialidad derivada del tiempo estático. Remitiéndose a su ensayo sobre Husserl citado antes, Frank puede decir que «tanto como la analítica existencial del *Dasein*, la analítica intencional de la conciencia viene a encallarse en el problema de la carne».[28] Es por ello que el autor siente la necesidad urgente de elaborar un pensamiento de la encarnación en sus implicaciones

temporalité et de la spatialité que le procès
de la figuration – qui s'étend du domaine
temporel au domaine spatial – rend possible,
nous permet-elle d'éviter une reductio *de la*
spatialité corporelle, tant à la spatialité
géométrique qu'à celle orientée de la temporalité
estatique?

La configuration de l'espace

Au niveau de la configuration, donc au niveau
du récit littéraire et du projet architectonique,
l'acte narratif-projectuel se libère du contexte
de l'action, de la même manière que les
«paroles» s'éloignent des «choses». A
l'intelligibilité de l'action imitée se substitue
l'intelligibilité narrative qui guidera l'interprétation
du projet architectonique. En se basant sur
une imitation de deuxième degré, l'imitation
créatrice, la narration devient un acte poétique,
qui crée du nouveau, de l'inédit.

La création du sens auquel il donne lieu
est une innovation sémantique qui comporte
des règles bien précises : ce qu'Aristote
appelle mythos, *qui a un ordre et une cohérence*
interne. Selon Ricœur, la critique moderne
a mis en évidence quatre aspects fondamentaux
de l'intrigue:

> *a) la synthèse de l'hétérogène;*
>
> *b) le passage d'un statut initial à un statut*
> *final à travers des transformations qui*
> *respectent des règles;*
>
> *c) la succession des péripéties qui rend*
> *vain le travail de concordance représenté*
> *par l'intrigue;*
>
> *d) le rapport circulaire entre le tout et*
> *les parties; rapport qui permet la lecture*
> *herméneutique.*[29]

Procédant à une première réflexion, Ricœur
remarque que le temps raconté, immanent
à chaque intrigue, doit être mis en relation
avec le temps qui sera raconté: la synthèse
de l'hétérogène, grâce à l'imitation créatrice,
est marquée par l'empreinte de la nouveauté
de l'histoire racontée par rapport à la

espaciales determinantes, superando los *impases* de
Husserl y de Heidegger.

En este punto, si la espacialidad corporal está relacionada
con el giro hermenéutico lingüístico inaugurado por
Heidegger, resulta necesario indicar el vínculo entre el
carácter hermenéutico de nuestra relación con el mundo y
la espacialidad corporal. La hermenéutica de Ricoeur, en
los aspectos que he intentado aclarar, puede constituir una
preciosa aportación en este sentido. ¿La inteligibilidad cruzada de la temporalidad y de la espacialidad que el proceso de la figuración hace posible –que se extiende del
campo temporal al campo espacial–, nos permite evitar
una *reductio* de la espacialidad corporal, tanto por la espacialidad geométrica como por la espacialidad orientada de
la temporalidad estática?

La configuración del espacio

En el ámbito de la configuración, es decir, al nivel del
relato literario y del proyecto arquitectónico, el acto narra-
tivo-proyectual se libera del contexto de la acción, como
las «palabras» se alejan de las «cosas». La inteligibilidad
de la acción es substituida por la *inteligibilidad narrativa*
que guiará la interpretación del proyecto arquitectónico.
Basándose en una imitación de segundo grado, la *imitación creativa*, la narración se convierte en un acto poético que crea de nuevo, de lo inédito.

La creación del sentido que genera es una innovación
semántica que comporta reglas muy precisas: lo que
Aristóteles llama *mythos*, que tiene un orden y una coherencia interna. Según Ricoeur, la crítica moderna ha evi-
denciado cuatro aspectos fundamentales de la intriga:

> *a)* la síntesis de lo heterogéneo;
>
> *b)* el tránsito de un estatuto inicial a un estatuto final
> a través de transformaciones que respetan las
> reglas;

sédimentation du passé narratif en tant que passé déjà raconté. Le lien avec la tradition ne reste vif que s'il y a un renouvellement continu. Ce que Ricœur décrit ici de manière synthétique c'est le phénomène de l'intertextualité, qui est importante afin de comprendre la dynamique texte-contexte dans l'architecture.

La réflexion de second degré qui est faite d'ordinaire est caractérisée par une composante de rationalisation plus importante: la narratologie en est un exemple, discipline née dans l'horizon du structuralisme qui aspire à devenir une science autonome. Ricœur critique sévèrement la narratologie et ses prétentions: dire que l'objectif de la narratologie est au fond l'élimination du temps vu que le diachronisme du récit est absorbé par le synchronisme des opérations logiques de transformation, n'est pas une exagération. Vis à vis de ces prétentions logistiques, l'herméneutique semble une plaidoirie en faveur de l'intelligence narrative contre la rationalité narratologique.[30]

Contrairement à d'autres genres de réflexion, la narratologie vise à éliminer la péripétie, l'élément du récit qui introduit une discordance au sein de la production d'une concordance provisoire. Une véritable emphatisation de ce moment déstabilisant et déconstructif se trouve dans les romans, que Ricœur qualifie post-modernes, contraires à l'idée de fermeture narrative, c'est à dire de la suprématie de l'ordre et de la cohérence internes du récit. Dans les deux cas nous nous trouvons face à une rupture du rapport dualistique entre concordance et discordance, prévisibilité et imprévisibilité, fermeture et ouverture, identité et altérité, que le philosophe français ne cesse de répéter ici tout comme dans d'autres œuvres.[31]

Le dernier stade auquel ces réflexions peuvent porter est représenté par une forme de récit littéraire qui est une fin en soi. Le récit n'a plus comme objectif l'imitation du monde de l'action; le langage se célèbre lui même, la rupture irrémédiable entre «mot» et «chose» a lieu; l'idée d'un

c) la sucesión de peripecias que convierten en vano el trabajo de concordancia representado por la intriga;

d) La relación circular entre el todo y las partes, relación que permite una lectura hermenéutica.[29]

En una primera reflexión, Ricoeur remarca que el tiempo contado inmanente a cada intriga tiene que estar relacionado con el tiempo que será contado: la síntesis de lo heterogéneo, gracias a la *imitación creativa*, está marcada por la huella de la novedad de la historia contada con relación a la sedimentación del pasado narrativo como pasado ya contado. El vínculo con la tradición queda vivo sólo si hay una renovación continua. Lo que Ricoeur describe aquí de manera sintética es el fenómeno de la *intertextualidad*, que es importante para entender la dinámica texto-contexto en la arquitectura.

La reflexión de segundo grado que se suele hacer está caracterizada por un componente de racionalización más importante: la *narratología* es un ejemplo de ello. Disciplina nacida en el horizonte del estructuralismo, que aspira a volverse una ciencia autónoma. Ricoeur critica de manera severa la narratología y sus pretensiones: decir que el objetivo de la narratividad es, en realidad, la eliminación del tiempo, visto que el diacronismo del relato está absorbido por el sincronismo de las operaciones lógicas de transformación, no es una exageración. Con respecto a estas pretensiones logísticas, la hermenéutica parece un alegato en favor de la inteligencia narrativa contra la racionalidad narratológica.[30]

Al contrario de otros géneros de reflexión, la narratología tiende a eliminar la *peripecia*, el elemento del relato que introduce una discordancia en el seno de la producción de una concordancia provisoria. Un verdadero énfasis de este momento desestabilizante y deconstructivo se halla en las novelas que Ricoeur califica de posmodernas, contrarias a la idea de cerrazón narrativa, es decir, de la

référent extralinguistique se perd complètement. L'herméneutique ne peut que répondre en dénonçant l'abandon du monde du lecteur dernier survécu au naufrage de la mimesis.[32]

Bref, ce sont les étapes de la configuration du temps *que le récit littéraire met en jeu. Qu'en est-il de la configuration de l'espace que comporte l'architecture ? Au premier niveau de la pratique architectonique l'acte configurant est tout comme dans le récit,* synthèse spatiale de l'hétérogène: *le projet architectonique vise à créer des objets dont les divers aspects ont une certaine unité.*

Dans cette synthèse, on peut reconnaître la présence de la dimension de la temporalité, qui se manifeste sous diverses formes: chaque œuvre architectonique requiert du temps, chaque nouvel édifice porte en soi la «mémoire pétrifiée» du genre d'édifice que l'on est en train de construire; il y a aussi le temps du regard qui parcourt l'œuvrage, enfin il y a une durée de la construction qui dépend de la dureté-durée du matériau.[33]

Le premier degré de réflexion est celui qui concerne l'historicité implicite de l'acte configuratif parce que chaque nouvel édifice s'élève au milieu d'édifices déjà construits, dans un espace de sédimentation de la mémoire historique. On peut mettre en relation le geste spatial-temporel de l'inscription et le phénomène de l'intertextualité architectonique, parallèle à celle du récit. Dans l'acte d'inscription, le rapport entre innovation et tradition qui caractérise l'histoire de l'architecture se développe: dans la mesure où le texte construit conserve le sillon de toutes les histoires de vie qui ont scandé l'habiter des vieux locataires, le nouvel acte «configurant» projète de nouveaux modes d'habiter qui s'ajouteront à l'enchevêtrement des histoires de vie terminées.[34]

A un autre niveau de la réflexion, l'architecture présente une théorisation caractérisée, comme dans le cas de la narratologie, par une forte tension rationnelle. Il existe deux interprétations de l'architecture qui sont en

supremacía del orden y de la coherencia interna del relato. En estos dos casos, nos encontramos ante una ruptura de la relación dualística entre concordancia y discordancia, previsibilidad e imprevisibilidad, cerrazón y obertura, identidad y alteridad, que el filósofo francés no deja de repetir aquí, como en sus otras obras.[31]

El último estadio al que nos pueden llevar esas reflexiones está representado por una forma de relato literario que es un fin en sí mismo. El relato ya no tiene como objetivo la imitación del mundo de la acción; el lenguaje se celebra a sí mismo, se produce la ruptura irremediable entre «palabra» y «cosa»; la idea de un referente extralingüístico se pierde completamente. La hermenéutica no puede responder más que denunciando el abandono del mundo por el último lector superviviente del naufragio de la *mimesis*.[32]

En pocas palabras, esas son etapas de la *configuración del tiempo* que el relato literario hace intervenir. ¿Qué podemos decir entonces de la *configuración del espacio* que comporta la arquitectura? En el primer nivel de la práctica arquitectónica, el acto configurante es como en el relato, *síntesis espacial de lo heterogéneo*: el proyecto arquitectónico tiende a crear objetos cuyos varios aspectos tienen una cierta unidad.

En esa síntesis, podemos reconocer la presencia de la dimensión de la temporalidad, que se manifiesta de varias formas: cada obra arquitectónica requiere tiempo, cada nuevo edificio lleva en sí la memoria petrificada del género de edificio que estamos construyendo; hay también el tiempo de la mirada que recorre la obra y, por fin, hay una duración de la construcción que depende de la dureza-duración del material.[33]

El primer grado de reflexión es el que concierne a la historicidad implícita en el acto configurativo, porque cada nuevo edificio se eleva en medio de otros edificios ya construidos, en un espacio de sedimentación de la

opposition spéculaire: selon la première le projet ne dépend que du style qui prévaut durant une certaine période de l'histoire. De son côté le style dépend de la vision du monde caractéristique de l'époque : le langage d'une culture est lisible sur les façades. C'est donc dans la configuration de la ville que l'on peut lire à travers l'espace urbain organisé de manière représentative, l'histoire sédimentée des formes culturelles.[35] La monumentalité est reconduite à son sens étymologique originaire, selon lequel monument signifie document.

Selon la seconde interprétation, le formalisme conceptuel doit être repoussé en raison de la priorité des besoins des populations au cours de l'histoire. Il s'agit en réalité d'une conception du projet architectonique moins idéologique que la première parce qu'elle concerne la représentation du besoin d'habiter qu'ont les peuples. Ceci explique la réaction égale et contraire de ceux qui voudraient délier l'architecture de la sociologie ou de la psychologie sociale en la rendant la plus autonome possible; le risque d'une telle opération est celui d'une pure et simple auto-référentialité du projeter et par conséquent du construire, qui perd de vue le rapport avec le contexte à l'intérieur duquel l'ouvrage est placé.

Ce parcours de lecture nous porte à Evelina Calvi, qui propose une interprétation ricœurienne de l'architecture: ce n'est pas par hasard qu'à la fin du paragraphe précédent consacré à la préfiguration, Ricœur avait mentionné les recherches de cette spécialiste en citant en particulier Tempo et Progetto. L'architettura come narrazione.[36] Partant du titre qui reprend celui de la trilogie Temps et Récit, l'auteur révèle son intention d'approcher le projet architectonique en partant de l'herméneutique ricœurienne: «cette manière particulière d'interpréter que représente le projet architectonique ne peut se soustraire à la circularité de la règle herméneutique; et que le dialogue qui s'instaure dans le projet entre la partie et le tout se déroule en termes essentiellement normatifs,

memoria histórica. Podemos poner en relación el gesto espaciotemporal de la inscripción con el fenómeno de la intertextualidad arquitectónica paralela a la del relato. En el acto de inscripción, se desarrolla la relación entre innovación y tradición que caracteriza la historia de la arquitectura: en la medida que el texto construido conserva el surco de todas las historias de vida que han escondido el habitar de los viejos inquilinos, el nuevo acto «configurante» proyecta nuevos modos de habitar, que se añadirán a la serie de historias de vidas acabadas.[34]

En otro nivel de reflexión, la arquitectura presenta una teorización que se caracteriza, como en el caso de la narratología, por una fuerte tensión racional. Existen dos interpretaciones de la arquitectura, que están situadas en posición especular: según la primera, el proyecto depende sólo del estilo que prevalece durante un cierto período de la historia. En este caso, el estilo depende de la visión del mundo característica de la época: el lenguaje de una cultura es legible en las fachadas. Es, pues, en la configuración de las ciudades que podemos leer, a través del espacio urbano organizado de manera representativa, la historia sedimentada de las formas culturales.[35] La monumentalidad está guiada de nuevo a su sentido etimológico originario, según el cual *monumento* significa «documento».

Según la segunda interpretación, el formalismo conceptual tiene que rechazarse por la prioridad de las necesidades de las poblaciones a lo largo de la historia. Se trata, en realidad, de una concepción del proyecto arquitectónico menos ideológica que la primera, porque concierne la representación de la necesidad de habitar que tienen los pueblos. Ello explica la reacción igual y contraria a los que les gustaría desligar la arquitectura de la sociología o de la psicología social y convertirla en la más autónoma posible; el riesgo de tal operación es el de una pura y simple auto-referencialidad del proyectar y, por consiguiente, del construir, que pierde de vista la relación con el contexto en el interior del cual la obra está situada.

où par conséquent la temporalité devient dimension essentielle».³⁷

Une telle approche permettrait de soustraire l'architecture d'une simple et stérile auto-référentialité pour l'introduire dans un rapport entre partie et tout, texte et contexte, comme pour la reconnaissance de la dimension temporelle, narrative du projet. D'après l'herméneutique ricœurienne de la narrativité «on peut penser au projet d'architecture comme à une opération semblable à une mise en intrigue: et ceci n'est possible que si on exclu que projeter veuille dire accomplir un geste « artistique » (avec toutes les connotations négatives que j'attribue à l'adjectif) formulé dans une logique de pure et simple auto-référentialité et soutenu par des langages autonomes et fermés».³⁸

On tentera donc d'enquêter sur la double présence de l'espace et du temps en architecture, ce qui aurait comme première conséquence l'effet de penser au projet en tant que «placé» et «temporaire»: «on considère [...] que la synthèse finale à laquelle il doit nécessairement conduire se constitue sur la relation constante avec l'existence et sa complexité (ses langages pluriels et ses logiques contradictoires) ne soit en réalité jamais vraiment fermé, et aie donc un caractère provisoire d'ouverture vers de multiples et ultérieures refigurations».³⁹

La deuxième conséquence serait une vision de l'espace et du temps en tant que hic et nunc; puisque mettre en rapport l'espace et le temps signifie les rendre relatifs: en effet «ce n'est que dans l'attention pour la temporalité (humaine) que l'espace semble perdre ses attributions universalistes et abstraites pour se relativiser en tant que lieu et en tant que tel dense de mémoire: donc lieu projeté et expérimenté de manière narrative».⁴⁰

Les catégories ricœuriennes ne sont pas les seules que Calvi utilise pour mettre en lumière les implications temporelles de l'espace architectonique: elle évoque également l'idée de chronotope chère à Bachtin

Este recorrido de lectura nos lleva a Evelina Calvi, que propone una interpretación ricœuriana de la arquitectura: no es por casualidad que al final del párrafo precedente, dedicado a la prefiguración, Ricœur haya mencionado las investigaciones de esta especialista, citando en particular *Tempo et progetto. L'archittetura come narrazione*.³⁶ A partir del título que prosigue el de la trilogía *Temps et Récit*, el autor revela su intención de acercarse al proyecto arquitectónico, a partir de la hermenéutica ricœuriana: «Este modo particular de interpretar lo que representa el proyecto arquitectónico no se puede sustraer a la circularidad de la regla hermenéutica, ya que el diálogo que se instaura en el proyecto entre la parte y el todo se desarrolla en términos esencialmente normativos, donde, por tanto, la temporalidad se pone como dimensión esencial.».³⁷

Tal acercamiento permitiría sustraer la arquitectura de una simple y estéril autorreferencialidad, para introducirla en una relación entre parte y todo, texto y contexto, y en el reconocimiento de la dimensión temporal, narrativa del proyecto. Según la hermenéutica ricœuriana de la narratividad, «se puede pensar el proyecto de arquitectura como una operación similar a una «*puesta en intriga*»: y eso es posible solamente si excluimos que proyectar quiera decir realizar un gesto «artístico» (con todas las connotaciones negativas que atribuyo al adjetivo) formulado en una lógica de pura y simple autorreferencialidad y sostenido por lenguajes autónomos y cerrados.»³⁸

Trataremos, pues, de investigar sobre la doble presencia del espacio y del tiempo en arquitectura, lo que tendría como primera consecuencia el efecto de pensar el proyecto como «situado» y «temporal»: «Consideramos [...] que la síntesis final a la cual tiene que llegar se constituye en la relación constante entre la existencia y su complejidad (sus lenguajes plurales y sus lógicas contradictorias), que no sea nunca en realidad cerrado y que, por tanto tenga un carácter provisorio de apertura hacia múltiples y ulteriores refiguraciones.»³⁹

– mentionné par Ricœur – selon lequel il existe dans l'histoire de la littérature des lieux temporels comme le voyage, l'idylle et le château gothique qui sont de véritables manières d'organiser sous forme littéraire et artistique l'espace et le temps historique vécus par une société déterminée. En ce cas également l'application du concept de chronotope *à l'architecture nous révèle la dimension vitale du lieu: «le lieu architectonique se présente ainsi comme la déclinaison de la spatialité et de la temporalité, de la physicité et du vécu».⁴¹*

Ceci signifie qu'on ne peut se demander le sens qu'a un lieu sans prendre en considération sa composante physique, sensible, corporelle, bref esthétique. La relativisation de l'espace et du temps à laquelle nous porte l'herméneutique ricœurienne ne doit pas être considérée seulement du point de vue historique; l'événement est vécu comme hic *et* nunc *spatial-temporel par rapport à un soi qui agit et subit, qui vit l'espace-temporalité qui meut et est mû, à un niveau émotif également: l'espace incarné porte en soi une ambivalence et une paradoxalité. De ce point de vue on peut comparer le dépaysement que le soi expérimente au niveau du corps propre – en tant qu'expérience de l'altérité qui «surgit», imprévue, «interrompant», l'orientation intentionnelle – à la* péripétie, *en tant qu'irruption de l'événement inattendue qui désarticule et déconstruit l'ordre narratif intentionnel.⁴²*

L'abandon d'un espace et d'un temps «singuliers» semble être possible quand l'altérité est mise en question. En même temps c'est la question de l'altérité qui rend nécessaire une nouvelle réflexion sur l'espace, le temps et leur implication. Il y a donc une évocation réciproque des questions qui à mon avis n'a pas encore été affrontée de manière adéquate.

La refiguration de l'espace

A l'intérieur de la dynamique de la triple mimesis le moment de la refiguration revêt

La segunda consecuencia sería una visión del espacio y del tiempo entendidos como *hic* y *nunc*, puesto que poner en relación el espacio y el tiempo significa relativizarlos: en efecto, «es solo en la atención por la temporalidad (humana) que el espacio parece perder sus atribuciones universales y abstractas para relativizarse cristalizándose como lugar y, como tal, denso de memoria: eso es, lugar proyectado y experimentado de manera narrativa».⁴⁰

Las categorías ricoeurianas no son las únicas que Calvi utiliza para mostrar las implicaciones temporales del espacio arquitectónico: evoca también la idea de *cronotopo* de Bajtín –citado por Ricoeur–, según la cual en la historia de la literatura existen lugares temporales, como el viaje, el idilio y el castillo gótico, que son auténticos modos de organizar, de forma literaria y artística, el espacio y el tiempo histórico vivido por una sociedad determinada. En este caso, también la aplicación del concepto de *cronotopo* a la arquitectura nos revela la dimensión vital del lugar: «El lugar arquitectónico se presenta así como la declinación de la espacialidad y de la temporalidad, de la fisicidad y de lo vivido.»⁴¹

Eso significa que no se puede preguntar sobre el sentido que tiene un lugar sin tener en cuenta su componente física, sensible, corporal, en definitiva, estética. La relativización del espacio y del tiempo a la cual nos lleva la hermenéutica ricoeuriana no tiene que considerarse únicamente desde el punto de vista histórico; el acontecimiento está vivido como *hic* y *nunc* espaciotemporal con relación a un «sí mismo» que actúa y sufre, que vive el espacio-temporalidad que se mueve y es movido, a un nivel también emotivo: el espacio encarnado lleva en sí mismo una ambivalencia y una paradoja. Desde este punto de vista, podemos comparar el extrañamiento que el «sí mismo» experimenta a nivel del propio cuerpo –como experiencia de la alteridad que «surge», imprevista, «interrumpiendo», la orientación intencional– con la peripecia como irrupción del acontecimiento inesperado

un rôle important. Si la configuration narrative est l'organisation interne d'un texte narratif sur la base de codes identifiables à travers l'analyse structurale, la refiguration est le pouvoir qu'a le récit de réorganiser notre expérience temporelle, c'est à dire de découvrir la profondeur de cette expérience et d'en transformer l'orientation.[43] Ces définitions auxquelles portent le long chemin parcouru par Temps et Récit *se fondent sur la conviction que le langage est originairement orienté vers le monde: il porte toujours sur quelque chose, sur ce qui existe.*

Il s'agit d'une conception du langage qui date de la recherche faite dans la Métaphore vive: *si dans ce texte Ricœur parle de fonction référentielle du langage métaphorique – qui fait une vraie redescription du monde – dans* Temps et Récit, *partant de l'analyse du concept de* mimesis, *le philosophe français préfère parler de refiguration. Bien qu'il abandonne les termes de «référence» et «rédescription» – parce qu'ils dépendent trop de l'analyse propositionnelle faite dans le cadre d'une sémantique logique dans laquelle le discours descriptif a la priorité – l'idée que le récit tout comme la métaphore, les deux pilastres de la poétique ricœurienne, aient la capacité de redessiner notre mode d'être dans le monde, notre mode d'habiter auprès des choses, à travers un travail de modification, de transformation, demeure.*

Comme le philosophe français a déjà eu l'occasion de rappeler dans La critique et la conviction, *le terme «monde» représente dans la prospective philosophique un concept fort : c'est l'espace de l'habiter, qui peut être familier et hospitalier, ou bien étranger et hostile. Ceci veut dire qu'on peut se «sentir» de manière différente dans le monde; Ricœur en arrive à affirmer l'importance de l'expérience esthétique en ce qui concerne le fait que nous sommes situés dès la naissance: «il y a ainsi des sentiments fondamentaux, qui sont sans aucun rapport avec une chose ou un objet déterminé, mais qui dépendent du monde dans lequel l'œuvre apparaît; ce sont, en somme, de pures modalités de l'habiter».[44]*

que desarticula y deconstruye el orden narrativo intencional.[42]

El abandono de un espacio y un tiempo «singulares» parece ser imposible cuando la alteridad está cuestionada. Al mismo tiempo, es la cuestión de la alteridad la que hace necesaria una nueva reflexión sobre el espacio, el tiempo y sus implicaciones. Hay entonces una evocación recíproca de la cuestión, que a mi parecer no se ha afrontado todavía de manera adecuada.

La refiguración del espacio

En el interior de la dinámica de la triple *mimesis*, el momento de la refiguración reviste un papel importante. Si la configuración narrativa es la organización interna de un texto narrativo sobre la base de códigos identificables a través del análisis estructural, la refiguración es el poder que tiene el relato de reorganizar nuestra experiencia temporal, es decir, de descubrir la profundidad de esta experiencia y de transformar su orientación.[43] Estas definiciones a las cuales lleva el largo camino recorrido por *Temps et récit* se fundamentan en la convicción de que el lenguaje está originariamente orientado hacia el mundo: trata siempre de algo, de algo que existe.

Corresponde a una concepción del lenguaje que proviene de la investigación hecha en la *Métaphore vive*: si en este texto Ricoeur habla de la función referencial del lenguaje metafórico –que hace una verdadera redescripción del mundo–, en *Temps et récit*, a partir del análisis del concepto de *mimesis*, el filósofo francés prefiere hablar de refiguración. Aunque abandona los términos de «referencia» y de «redescripción» –porque dependen demasiado del análisis proposicional realizado en el ámbito de una semántica lógica en la cual el discurso descriptivo tiene prioridad–, la idea de que el relato, como la metáfora, los dos pilares de la poética ricoeuriana, tengan la capacidad de redibujar nuestro modo de estar en el mundo, nuestro modo de habitar junto a las cosas,

Il s'agit donc de pratiquer un franchissement de la réflexion herméneutique dans le domaine esthétique : Ricœur ajoute que c'est surtout l'œuvre d'art qui revêt une grande valeur émotionnelle: «je dirais que l'œuvre, dans ce qu'elle a de singulier, libère chez celui que la goûte une émotion analogue à celle qui l'a engendrée, émotion dont il était capable, mais sans le savoir, et qui élargit son champ affectif lorsqu'il éprouve. Autrement dit, tant que l'œuvre ne s'est pas frayé un chemin jusqu'à l'émotion analogue, elle demeure incomprise, et l'on sait que cela arrive fréquemment».[45]

Ceci implique une redéfinition, du point de vue émotionnel, de la conception de la création artistique, œuvre d'art et «jouissance», dans le cas même où le procès artistique se réfère à l'architecture. A mon avis c'est en particulier le rôle du lecteur-«jouisseur» qui est modifié. S'il est vrai - comme on pourra mieux voir plus tard – que le passage de la configuration à la refiguration n'est possible qu'à travers le travail du lecteur, il faudra se demander quels nouveaux modes émotionnels et affectifs de l'habiter et du construire sont libérés. Ne pouvant pas faire référence à d'autres textes, je ne peux pas tenter de répondre à cette question en termes ricœuriens. Je dois donc me limiter à mettre en lumière cet aspect important, en disant que dans les divers modes de l'habiter-construire mis en acte par la triple mimesis il existe une composante émotionnelle qui semble être étroitement liée à la dimension spatiale d'être dans le monde.

Retournons à l'analyse de cette dimension: quel rapport se crée-t-il entre le récit littéraire ou l'œuvre architectonique et le monde ? De quelle manière ce rapport se développe-t-il d'un point de vue spatial ? L'œuvre qui est singularité, fait valoir un aspect ou une modalité du monde qui l'entoure et dans lequel elle a surgit: «elle vaut plus qu'elle même: elle renvoie à une sorte d'alentour, elle témoigne d'une capacité de s'épandre et d'occuper un espace entier de considération ou de méditation face auquel le spectateur peut se situer».[46]

mediante un trabajo de modificación o transformación, permanece.

Como el filósofo francés ya ha podido recordar en «La Critique et la conviction», la palabra *mundo* representa, en la prospectiva filosófica, un concepto fuerte: es el espacio del habitar, que puede ser familiar y hospitalario, o bien extraño y hostil. Eso significa que podemos sentirnos de modo diferente en el mundo; Ricoeur llega a afirmar la importancia de la experiencia estética en lo que concierne al hecho de que estamos situados desde el principio: «Existen, pues sentimientos fundamentales, que no tienen relación alguna con una cosa o un objeto determinado, pero que dependen del mundo en el cual la obra aparece; son, en suma, puras modalidades del habitar».[44]

Se trata, pues, de practicar un traspaso de la reflexión hermenéutica al campo estético: Ricoeur añade que es sobre todo la obra de arte la que reviste un gran valor emocional: «Diría que la obra, en lo que tiene de singular, libera en quien la prueba una emoción análoga a la que la ha engendrado, emoción de la que éste era capaz, pero sin saberlo, y que alarga su campo afectivo cuando lo siente. Dicho de otra manera, mientras que la obra no se haya abierto un camino hasta la emoción análoga, permanecerá incomprendida, y sabemos que eso ocurre frecuentemente».[45]

Eso implica una redefinición, desde el punto de vista emocional, de la concepción de la creación artística, obra de arte y «goce», del mismo modo que el proceso artístico se refiere a la arquitectura. Desde mi punto de vista, es concretamente el papel del lector-«regocijante» el que es modificado. Si es verdad –como lo veremos más adelante– que el pasaje de la configuración a la refiguración es posible sólo a través del lector, habría que preguntarse cuáles nuevos modos emocionales y afectivos del habitar y de construir serán liberados. Puesto que no puedo hacer referencia a otros textos, no puedo intentar responder a esta pregunta en términos ricoeu-

Quelle est la manière de se situer du lecteur-spectateur vis à vis de l'œuvre ? Est ce que s'instaure un rapport «réflexif», «spéculaire», à l'intérieur duquel l'un devient sujet et l'autre objet ? Ils seraient ainsi, étrangers l'un vis à vis de l'autre. Le spectateur, affirme Ricœur, «est-il placé en face de l'œuvre, vis-à-vis d'elle. Mais en même temps, il est au milieu du monde créé par cet en-face. Ce sont là deux aspects parfaitement complémentaires, et le fait d'être immergé dans un monde compense ce qu'il pourrait y avoir de prétention de maîtrise dans le simple face-à-face avec l'œuvre: un monde est quelque chose qui m'entoure, qui peut me submerger; en tout cas, que je ne produis pas, mais où je me trouve».[47]

Le rapport entre le jouisseur et l'œuvre ne serait pas compréhensible sans une pleine valorisation de l'acte de la lecture: c'est à travers cet acte que se réalise le passage de la configuration mimétique à la refiguration. Ricœur admet de ne pas avoir pris en considération ce rôle de médiation de la lecture dans La Métaphore vive, alors que dans Temps et Récit la lecture sert de pierre angulaire à la reconstruction du concept aristotélique de mimesis . Dans l'acte de la lecture le monde ouvert par l'œuvre et le monde du lecteur se croisent et trouvent un espace commun qui apparaît immédiatement comme un espace ambivalent. Le monde du texte est un monde imaginaire mais celui-ci assume le statut inusuel du transcendant dans l'immanence. Le monde du lecteur est réel, mais il est exposé à la puissance refaçonnante qui dérive de la sphère de l'imaginaire.[48]

Si d'un côté, à travers l'acte de la lecture, le monde du texte est transcendance dans l'immanence – c'est à dire que la lecture va au delà du monde réel tout en y restant – de l'autre côté le monde du lecteur constitue l'immanence dans la transcendance. Le caractère ambivalent de cette spatialité ne permet pas de parler du rapport entre les deux mondes dans le sens d'une localisation visant à identifier un point, au sein d'une

rianos. Tengo que limitarme a mostrar este aspecto importante, diciendo que en los varios modos del habitar-construir actuados por la triple *mímesis* existe una componente emocional que parece estrechamente vinculada con la dimensión espacial de estar en el mundo.

Volvamos al análisis de esta dimensión: ¿Qué relación se crea entre el relato literario o la obra arquitectónica y el mundo? ¿De qué manera esta relación se desarrolla desde un punto de vista espacial? La obra que es singular valorizará un aspecto o una modalidad del mundo que lo rodea y en el cual ha surgido: «Vale más que ella misma: remite a una especie de alrededor, atestigua una capacidad de expandirse y de ocupar un espacio entero de consideración o de meditación delante del cual el espectador se puede situar».[46]

¿Cuál es la manera de situarse el lector-espectador ante la obra? ¿Se instaura una relación «reflexiva», «especular», en el interior de la cual uno se convierte en sujeto y el otro en objeto? Así serían extranjeros el uno respecto del otro. El espectador, afirma Ricoeur, «está situado delante de la obra, ante ella misma. Pero, al mismo tiempo, está en medio del mundo creado por este «delante». Son dos aspectos exactamente complementarios, y el hecho de estar sumergido en un mundo compensa lo que podría haber de pretensión de dominio en el simple cara a cara con la obra: un mundo es algo que me rodea, que me puede sumergir; en todo caso, que yo no produzco, pero en el que me encuentro».[47]

La relación con quien busca el goce y la obra no sería comprensible sin una plena valorización del acto de la lectura: es por este acto que se realiza el pasaje de la configuración mimética a la refiguración. Ricoeur admite no haber tomado en consideración este papel de meditación de la lectura en *La Metaphore vive*, mientras que en *Temps et récit*, la lectura sirve de piedra angular a la reconstrucción del concepto aristotélico de mimesis. En el acto de la lectura, el mundo abierto por la obra y el mundo del lector

dimension continue et homogène qui le contiendrait, selon une conception moderne de l'espace. De ce point de vue parler de monde et de spatialité du monde en termes abstraits, étrangers au procès de figuration devient impossible: «on ne peut donc employer le terme «monde», en toute rigueur, que lorsque l'œuvre opère à l'égard du spectateur ou du lecteur le travail de refiguration qui bouleverse son attente et son horizon; c'est seulement dans la mesure où elle peut refigurer ce monde que l'œuvre se révèle elle-même comme capable d'un monde».[49]

Le travail de refiguration rendu possible par l'activité de l'imagination – réalisée par l'imitation créatrice – offre de nouveaux critères de mesure de la distance entre les hommes et les choses: on ne peut s'approcher du réel dans sa quotidienneté qu'en faisant expérience de ce qu'il a de plus loin et de moins familier dans la réalité; vice versa, l'expérience de l'unheimlich n'est possible qu'en relation à l'heimlich, à l'ordinaire «à mesure que se creuse l'écart avec le réel, se renforce le pouvoir de morsure de l'œuvre sur le monde de notre expérience. Plus est large le retrait, plus est vif le retour sur le réel, comme venant de plus loin, comme si notre expérience était visitée d'infiniment plus loin qu'elle».[50]

Refigurer l'espace veut donc dire ouvrir le monde du texte dans sa dimension spatiale et pratiquer les nouveaux modes d'habiter qu'il projette. Le rôle qu'y joue le lecteur-spectateur est sûrement de premier plan.

En ce qui concerne la théorie du récit, si le structuralisme a complètement oublié le rôle de protagoniste du lecteur, l'esthétique de la réception inaugurée par Jauss et par l'école de Constance a déplacé l'axe de l'écriture à celui de la lecture. Dans l'acte de lire, le texte déploie sa capacité d'éclaircir la vie du lecteur, c'est à dire de révéler ce qui est caché, de transformer l'interprétation quotidienne, routinière de ce qui se passe.

se cruzan y encuentran un espacio común que aparece inmediatamente como un espacio ambivalente. El mundo del texto es un mundo imaginario, pero éste asume el estatuto inusual de lo trascendente en la inmanencia. El mundo del lector es real, pero está expuesto al poder reformable que deriva de la esfera de lo imaginario.[48]

Si, por un lado, a través del acto de la lectura, el mundo del texto es transcendente en la inmanencia –es decir, la lectura va más allá del mundo real mientras se queda en él–, por otro lado, el mundo del lector constituye la inmanencia en la transcendencia. El carácter ambivalente de esta espacialidad no permite hablar de la relación entre los dos mundos, en el sentido de una localización que tenga el objetivo de identificar un punto, en el seno de una dimensión continua y homogénea que lo contuviera, según una concepción moderna del espacio. Desde este punto de vista, hablar de mundo y de espacialidad del mundo en términos abstractos, extraños al proceso de figuración parece imposible: «Podemos utilizar la palabra *mundo* con todo el rigor sólo cuando la obra realiza, con respecto al espectador o al lector, el trabajo de refiguración que trastorna su esfera y su horizonte; sin embargo es únicamente en la medida en que puede refigurar este mundo que la obra se revela ella misma como capaz de un mundo».[49]

El trabajo de refiguración que permite la actividad de la imaginación –realizada por la imitación creativa –ofrece nuevos criterios de medida de la distancia entre los hombres y las cosas: podemos acercarnos desde lo real en su cotidianeidad sólo experimentando lo que hay más lejos y, es menos familiar en la realidad; al contrario, la experiencia del *unheimlich* es posible sólo en relación con el *heimlich*, con lo ordinario, «a medida que se cruza con lo real, se refuerza el poder de mordiente de la obra sobre el mundo de nuestra experiencia. Cuanto mayor es la contradicción más viva es la vuelta a lo real, como si viniera desde más lejos, como si nuestra experiencia estuviera visitada de infinitamente más lejos que ella misma».[50]

En ce qui concerne la pratique architectonique, la réévaluation de l'acte de la lecture comporte une réévaluation de l'acte d'habiter, dans le sens actif de la transformation. A ce point on peut entrevoir un nouveau rapport entre l'espace géométrique et l'espace habité, mis en relation grâce aux histoires personnelles inscrites dans l'édifice comme lieu de la mémoire. Encore une fois la rupture des deux modèles fermés de l'espace géométrique et de l'espace vécu passe à travers la mise en relation entre l'espace et le temps.

L'itinérance comme identité spatiale

Considérons à présent l'importante question de l'identité spatiale. Une des affirmations conclusives auxquelles nous porte le long parcours que fait Temps et Récit *est que la compréhension de soi est une interprétation; l'interprétation de soi trouve dans le récit, entre les diverses signes et symboles, une médiation privilégiée. L'identité mise en jeu par le récit émerge à partir de la dialectique de la mêmeté et l'ipséité. L'identité en tant qu'ipséité implique une forme de permanence dans le temps qui n'est pas réductible à la détermination d'un substrat, comme il se passe au contraire pour l'identité en tant que mêmeté. Le rapport dialectique entre ces deux modes de l'identité représente l'apport principal de la théorie narrative.*[51]

Suivant les analyses contenues dans Temps et Récit, *le modèle spécifique de connexion entre les évènements, qui constituent la construction de l'intrigue, permet de intégrer la permanence dans le temps par ce qui semble en être le contraire, du point de vue de l'identité-mêmeté, c'est à dire la diversité, la variabilité, la discontinuité, l'instabilité. Donc la construction du* mythos *qui doit être considérée par rapport au processus mimétique le long de son déroulement, précède la formation de l'identité. La question que nous devons nous poser à présent est la suivante: si la dynamique de la triple* mimesis *est, comme nous avons vu, temporelle aussi bien que spatiale, est-ce qu'on peut en déduire que la spatialité doit être considérée*

Refigurar el espacio significa, pues, abrir el mundo del texto en su dimensión espacial y practicar los nuevos modos de habitar que proyecta. El papel que desempeña el lector-espectador aquí es seguramente de primer plano.

En lo que concierne a la teoría del relato, si el estructuralismo ha olvidado totalmente el papel de protagonista del lector, la estética de la recepción inaugurada por Jauss y por la escuela de Constance ha desplazado el eje de la escritura al de la lectura. En el acto de leer, el texto despliega su capacidad de aclarar la vida del lector, es decir de revelar lo que está escondido, de transformar la interpretación cotidiana, rutinaria de lo que ocurre.

En lo relativo a la práctica arquitectónica, la revaloración del acto de lectura comporta una revaloración del acto de habitar, en el sentido activo de la transformación. En este punto, podemos entrever una nueva relación entre el espacio geométrico y el espacio habitado, gracias a las historias personales inscritas en el edificio como lugar de la memoria. De nuevo, la ruptura de los dos modelos cerrados del espacio geométrico y del espacio vivido pasa por la relación entre el espacio y el tiempo.

La itinerancia como identidad espacial

Consideremos ahora la cuestión importante de la identidad espacial. Una de las afirmaciones conclusivas a las que nos lleva el largo recorrido que hace *Temps et récit* es que la comprensión de sí mismo es una interpretación; la interpretación de sí mismo encuentra, en el relato, entre los varios signos y símbolos, una mediación privilegiada. La identidad que el relato pone en juego emerge a partir de la dialéctica de la mismidad y de la ipseidad. La identidad como ipseidad implica una forma de permanencia en el tiempo que no es reductible a la determinación de un sustrato, como ocurre al contrario para la identidad como mismidad. La relación dialéctica con estos dos modos de identidad constituye la aportación principal de la teoría narrativa.[51]

tout comme la temporalité une composante déterminante de la formation de l'identité? Et si l'identité est espace-temporel, ceci signifie que l'architecture dans son déploiement spatial-temporel contribue à la formation de l'identité et doit faire partie de la dialectique entre mêmeté-ipséité dont j'ai parlé auparavant.

Etre dans le monde selon le construire-habiter dans sa composante spatiale n'est possible qu'à travers la succession des trois moments de pré, con et refiguration. Et ce n'est qu'à travers ce travail que l'homme peut trouver sa propre identité. Travail qui est, comme nous l'avons vu, à l'origine, profondément marqué par la présence expérimenté de l'altérité. Si l'on regarde bien à l'intérieur de la mimesis *comme la décrit Ricœur, il se crée une sorte de champ magnétique où des couples de contraires semblent se lier l'un à l'autre de façon indissoluble: identité et altérité, temps mesurable et temps vécu, spatialité géométrique et spatialité corporelle...*

*Le concept d'*itinerance, *introduit pour la première fois par Ricœur dans son essai «Architettura e narrativltà» semble exprimer l'ambivalence et la duplicité que j'ai essayé de souligner.*[52] *Le rapport spatial que l'homme entretient avec le monde est un rapport d'orientation et de désorientation de projet d'un iter et de mise en question de ce même projet d'individuation et de perte du sentier. L'homme se trouve depuis toujours dans un monde, exposé à ce monde, à ce qui s'y passe, du point de vue des évènements dont on ne peut dissocier la composante temporelle de la composante spatiale. Faisant de l'expérience de son propre corps une expérience étrange à soi et objective, souffrant de l'action des autres et réagissant avec stupeur et crainte envers une altérité dont il sent toute la grandeur, l'homme est obligé de faire et de défaire continuellement la toile de sa vie, de continuer à s'inventer un nouveau projet pour son existence.*

Comme Ricoeur affirme dans La mémoire, l'histoire et l'oubli *«l'errance du navigateur ne demande pas moins son droit que la*

Siguiendo los análisis contenidos en *Temps et récit*, el modelo específico de conexión entre los acontecimientos, que constituyen la construcción de la intriga, permite integrar la permanencia en el tiempo por lo que parece ser su contrario, desde el punto de vista de la identidad-mismidad, es decir, por la diversidad, la variabilidad, la discontinuidad, la inestabilidad. Así pues, la construcción del *mythos*, que tiene que considerarse en relación con el proceso mimético a lo largo de su desarrollo, precede a la formación de la identidad. La pregunta que debemos hacernos ahora es la siguiente: si la dinámica de la triple mimesis es, como hemos visto, tanto temporal como espacial, ¿podemos deducir de ello que la espacialidad tiene que ser considerada como la temporalidad, una componente determinante de la formación de la identidad? Y si la identidad es espaciotemporal, eso significa que la arquitectura, en su despliegue espacio temporal, contribuye a la formación de la identidad y tiene que formar parte de la dialéctica entre mismidad-ipseidad de la que hemos hablado antes.

Estar en el mundo según el construir-habitar en su componente espacial es posible sólo a través de la sucesión de tres momentos de pre-, con- y refiguración. Y es sólo a través de este trabajo que el hombre puede encontrar su propia identidad. Este trabajo está, como hemos visto, en su origen profundamente marcado por la presencia experimentada de la alteridad. Si miramos bien al interior de la *mimesis* como la describe Ricoeur, se crea una especie de campo magnético donde las parejas de contrarios parecen vincularse uno con otro de manera indisoluble: identidad y alteridad, tiempo mensurable y tiempo vivido, espacialidad geométrica y espacialidad corporal...

El concepto de *itinerancia* introducido por vez primera por Ricoeur en su ensayo *Arquitettura e narrativltà* parece explicar la ambivalencia y la duplicidad que he tratado de subrayar.[52] La relación espacial que el hombre mantiene con el mundo es una relación de orientación y de desorientación del proyecto de un *iter*, y de cuestionamiento

résidence du sédentaire. Certes, ma place est là où est mon corps. Mais se placer et se déplacer sont des activités primordiales qui font de la place quelque chose à chercher. Il serait effrayant de n'en point trouver. Nous serions nous-mêmes dévastés. L'inquiétante étrangeté – Unheimlichkeit – jointe au sentiment de n'être pas à sa place jusque chez soi nous hante, et ce serait le règne du vide. Mai il y a une question de la place parce que l'espace non plus n'est pas plein, saturé. À vrai dire, il est toujours possible, souvent urgent, de se déplacer, au risque d'être ce passager, ce randonneur, ce flâneur, ce vagabond, cet errant que la culture contemporaine éclatée à la fois met en mouvement et paralyse».[53]

Cet effort de recherche du lieu n'aurait aucun sens s'il n'était pas vécu comme la traversée du monde, sous les formes culturelles que la tradition nous a laissé et donc dans ses expressions artistiques qu'elles soient littérales, picturales, musicales ou architectoniques....Traversée en tant que libération de réserves de sens qui n'ont pas été puisées et que l'histoire de l'homme porte en soi.[54]

La manifestation du monde est rendue possible grâce au travail imaginatif et créatif que l'homme instaure avec ce qui l'entoure, à la recherche continue de soi. Ce que j'ai essayé de montre, en partant des réflexions de Ricœur sur le rapport de réciprocité entre espace et temps dans «Architettura e narrativà», c'est que tout ceci est lié à la dimension de l'espace en plus – et en même temps – de celle du temps. Cette dimension qui, à mon avis, n'a pas encore été suffisamment développée par la pensée philosophique.

NOTES

1. Paul Ricoeur, La mémoire, l'histoire, l'oubli, Éditions du Seuil, Paris 2000, p. 183.
2. Ibid.
3. Paul Ricoeur, "Architecture et narrativité", Urbanisme, n. 303, 1998, p. 44. Cfr. Idem,

de este mismo proyecto de individualización y de pérdida del camino. El hombre se encuentra desde siempre en un mundo, expuesto a este mundo, a lo que ocurre en él, desde el punto de vista de los acontecimientos cuyo componente temporal no puede disociarse de su componente espacial. Haciendo de la experiencia de su propio cuerpo una experiencia extranjera a sí misma y objetiva, sufriendo la acción de los demás y reaccionando con estupor y temor hacia una alteridad de la cual percibe toda su grandeza, el hombre está obligado a hacer y deshacer continuamente el lienzo de su vida y a seguir inventándose un nuevo proyecto para su existencia.

Como Ricoeur afirma en *La mémoire, l'histoire et l'oubli*, «el vagabundeo del navegador no tiene menos derechos que la residencia del sedentario. Por cierto, mi sitio es donde está mi cuerpo. Pero colocarse y desplazarse son actividades primordiales que hacen que el lugar sea algo que hay que buscar. Sería espantoso no encontrar ninguno. Estaríamos devastados nosotros mismos. El inquietante extrañamiento –*Unheimlichkeit*-, junto al sentimiento de no estar en el sitio hasta que estamos en la casa nos atormenta, y sería el reino del vacío. Pero hay una cuestión sobre el lugar porque el espacio tampoco está lleno, saturado. A decir verdad, siempre es posible y a menudo urgente, desplazarse, con el riesgo de ser pasajero, caminante, vago, vagabundo, errante que la reventada cultura contemporánea a la vez pone en movimiento y paraliza».[53]

Este esfuerzo de investigación del lugar no tendría ningún sentido si no fuera vivido como travesía del mundo bajo las formas culturales que la tradición nos ha dejado y, por tanto, con su expresión artística, ya sea literaria, pictórica, musical o arquitectónica... Travesía como liberación de fuentes de sentido que no están agotadas y que la historia del hombre lleva en sí misma.[54]

La manifestación del mundo ha sido posible gracias al trabajo imaginativo y creativo que el hombre instaura

"Architettura e narratività", dans Identità e differenze, Catalogue de la Triennale de Milan, 1996.

4. "Architettura e narratività", op. cit., p. 64.

5. Cf. Ricoeur, Paul, Temps et Récit, t. 1, Éditions de Seuil, Paris 1983; Id., Temps et Récit, t. 2, La configuration dans le récit de fiction, Éditions du Seuil, Paris 1984; Id., Temps et Récit, t. 3, Le temps raconté, Éditions du Seuil, Paris 1985.

6. "Architettura e narratività", op. cit., p. 65.

7. Ibid.

8. Cf. Arendt, Hannah, The Human Condition, University of Chicago Press, Chicago 1958.

9. "Architettura e narratività", op. cit., ibid.

10. Ibid., p. 66.

11. Ricoeur, Paul, Soi-même comme un autre, Éditions du Seuil, Paris 1990, pp. 345-410.

12. Ibid., pp. 368-369.

13. Ibid., p. 372.

14. Frank, Didier, Chair et corps. Sur la phénoménologie de Husserl, Les Éditions de Minuit, Paris 1981, p. 19. Cf. Id., Heidegger et le problème de l'espace, Les Éditions de Minuit, Paris 1986.

15. Soi-même comme un autre, op. cit., p. 375.

16. Ibid., p. 376.

17. Ibid., pp. 376-377.

18. Ibid., p. 377.

19. Ibid., pp. 373-375.

20. Heidegger et le problème de l'espace, op. cit., p. 14. D. Franck ici affirme qu'il faut «comprendre les motifs phénoménologiques pour les quels la spatialité du Dasein est irréductible à son sens ontologique originaire: la temporalité».

21. Heidegger, Martin, Sein und Zeit, § 18.

22. Heidegger et le problème de l'espace, op. cit., pp. 53-56.

23. Heidegger, Martin, Metaphysische Anfangsgrunde der Logik, GA Bd. 26, §10.

24. GA Bd. 13.

con lo que lo rodea, en la búsqueda continua de sí mismo. Lo que he intentado mostrar, a partir de las reflexiones de Ricoeur sobre la relación de reciprocidad entre el espacio y el tiempo en *Archittetura e narrativtà*, es que todo esto está vinculado a la dimensión del espacio, además –y en el mismo momento– de la del tiempo. Dimensión esta, la del espacio, que, en mi opinión, no ha sido suficientemente desarrollada en el pensamiento filosófico.

NOTAS

1. Paul Ricoeur, La memoria, la historia, el olvido, Edition du Seuil, Paris 2000, p. 183

2. Ibid

3. Paul Ricoeur, «Architecture et narrativité », Urbanisme, n. 303, 1998, c.44. Cf. Idem, «Architettura e narrativtà», en Identità e differenze, Catálogo de la Trienal de Milán, 1996.

4. «Architettura e narrativtà», op. cit., p. 64.

5. Cf. Paul Ricoeur, Temps et Récit, t.1, Editions de Seuil, Paris, 1983; Id. Temps et Récit, t.2, "La configuration dans le récit de fiction", Editions du Seuil, Paris, 1984; Id. Temps et Récit, t.3, "Le temps raconté", Editions du Seuil, Paris, 1985.

6. «Arquitectura e narrativtà», op. cit. p. 65.

7. Ibid

8. cf. Hannah Arendt, The Human Condition, University of Chicago Press, Chicago 1958.

9. «Architettura e narrativtà», op.cit., ibid

10. Ibíd., p.36.

11. Paul Ricoeur, Soi-même comme un autre, Editions du Seuil, Paris 1990, pp. 345-410

12. ibíd., pp. 368-369

13. ibíd., pp. 372.

14. Didier Frank, Chair et corps. Sur la phénoménologie de Husserl, Les Editions de Minuit, París, 1981, p. 19. Cf. Id., Heidegger et le problème de l'espace, Les Editions de Minuit, Paris 1986.

15. Soi-même comme un autre, op. cit., p. 375.

16. Ibíd., p. 376

17. Ibíd., pp. 376-377.

18. Ibíd., pp. 377.

19. Ibíd., pp. 373-375.

20. Heidegger et le problème de l'espace, op. cit., p. 14. D. Aquí, Franck afirma que hay que «entender los motivos fenomenológicos por los cuales la espacialidad de Dasein es irreductible en su sentido originario: la temporalidad».

21. Martín Heidegger, Sein und Seit, &18.

22. Heidegger et le problème de l'espace, op. cit., pp. 53-56.

23. Martín Heidegger, Metaphysische Anfangsgrunde der Logik, GA Bc. 26. &10.

24. GA Bd. 13.

25. Erker Verlag, St. Gallen, 1966.

26. CF. Zur Sache des Denkens, Max Niemeyer Verlag, Tübingen, 1969.

27. Heidegger et le problème de l'espace, op.cit., p. 67. Cf. Temps et Récit t.2, op. cit.

28. «Architectura e narrativtà», op. cit., p. 67. Cfr. Temps et Récit, op. cit.

25. Erker Verlag, St. Gallen 1966.
26. Cfr. Zur Sache des Denkens, Max Niemeyer Verlag, Tübingen 1969.
27. Heidegger et le problème de l'espace, op. cit., p. 129.
28. "Architettura e narrativà", op. cit., p. 67. Cfr. Temps et Récit t. 2, op. cit.
29. "Architettura e narrativà", op. cit., p. 67.
30. Cfr. Soi-même comme un autre, op. cit., pp. 367-410.
31. "Architettura e narrativà", op. cit., p. 68.
32. Ibid. p. 69.
33. Ibid.
34. Ibid. p. 70.
35. Guerini e associati, Milano 1991.
36. Tempo e progetto, op. cit., p. 18
37. Ibid., p. 19
38. Ibid.
39. Ibid., p. 14.
40. Ibid. p. 22.
41. On peut se demander quel rôle joue la péripetie au niveau spatial et architectonique. Cfr. "Architecture et narrativité", op. cit., p. 48.
42. Ricoeur, Paul, "Mimesis, référence et refiguration dans Temps et Récit", dans Études phénoménologiques, 6 (1990), n. 11, pp. 29-40.
43. Ricoeur, Paul, La critique et la conviction, Calman-Lévy, Paris 1995, p. 262.
44. Ibid., p. 267.
45. Ibid., p. 263.
46. Ibid.
47. "Mimesis, référence et refiguration dans Temps et Récit ", op. cit., p. 38.
48. La Critique et la Conviction, op. cit., ibid.
49. Ibid., p. 264.
50. Soi-même comme un autre, op. cit., p. 167.
51. "Architettura e narrativà", op. cit., p. 72. Le traducteur utilise le néologisme itinerranza, pour souligner l'importance de l'errer pour la recherche du lieu.
52. La mémoire, l'histoire, l'oubli, op. cit., p. 185.
53. "Architettura e narrativà", op. cit., ibid

29. «Architettura e narrativà», op. cit., p. 67.
30. Cf. Soi-même comme un autre, op. cit.,pp. 367-410
31. «Architettura e narrativà», op. cit., p. 68.
32. Ibíd. P. 69.
33. Ibíd.
34. Ibíd. p. 70
35. Guerini e Associati, Milán 1991.
36. Tempo e proggetto, op. cit.,p. 18.
37. Ibíd.,p. 19
38. Ibíd.
39. Ibíd.,p. 14.
40. Ibíd. p. 22.
41. Podemos preguntarnos qué papel tiene la peripecia al nivel espacial y arquitectónico. Cf. «Architecture et narrativité », op. cit.,p. 48.
42. Paul Ricoeur, «Mimesis, référence et refiguration dans Temps et Récit», Etudes phénoménologiques, 6 (1990), n. 11, pp. 29-40.
43. Paul Ricoeur, La critique et la conviction», Calman-Levy, Paris, 1995, p. 262.
44. Ibíd., p. 267.
45. Ibíd., p. 263.
46. Ibíd.
47. «Mimesis, référence et refiguration dans Temps et Récit », op. cit.,p. 38.
48. La Critique et la Conviction, op.cit., ibid.
49. Ibíd., p. 264.
50. Soi-même comme un autre, op. cit., p. 167.
51. «Architettura e narrativà», op.cit.,p. 72. El traductor utiliza el neologismo itinerancia para subrayar la importancia del errar para la búsqueda del lugar.
52. La mémoire, l'histoire, l'oubli, op.cit., p. 185.
53. «Archittetura e narrativà», op. cit., ibid.

Hacia una aproximación dialógica a la arquitectura contemporánea

*Towards a Dialogical Approach
to Contemporary Architecture*

Josep Muntañola

Prologue

*Mikhail Bakhtin rarely refers to architecture
as a science, an art or an ethics,[1] but his
theoretical model, or paradigm, is so strong
that it will not be daring to attempt a dialogical
approach. Actually, there are already models
and works in preparation.[2] I am going to
build bridges between dialogics and architecture
while awaiting new, more thorough studies.[3]*

Architecture and «Architectonics»

*The first point, essential, is to make a
distinction between «architectonics» in
Bakhtin, that is, the aesthetical relation,
between form and content, for example in
literature, and architecture as art, science
and ethics in a direct sense.*

*Bakhtin's definition is very clear (although
it could be difficult to understand for
them not familiar with this author):* «The
content of the aesthetical activity aimed at
a work of art is the object of aesthetical
analysis.» «The structure of the aesthetical
object in its purely artistic distinction, is
what I call architectonics of that object.»[4]

*As Holquist[5] describes so brilliantly, the
notion «architectonics» is indissolubly
linked to «answerability,» that is, to the cap-
ability of addressing someone or something
from another someone or something. This
ability «to address» is essential in the*

Prólogo

Mijaíl Bajtín cita muy pocas veces a la arquitectura como
ciencia, como arte o como ética,[1] pero su modelo teórico, o paradigma, es tan potente que no es ninguna
temeridad intentar una aproximación dialógica. De
hecho ya existen precedentes y trabajos en curso, en
este sentido.[2] Voy a empezar a tender puentes entre dialogía y arquitectura, en espera de estudios posteriores
más profundos.[3]

Arquitectura y «arquitectónica»

Un primer aspecto, esencial, es el de distinguir entre la
«arquitectónica» en Bajtín, o sea, la relación estética entre
forma y contenido –por ejemplo, en literatura–, y la arquitectura como arte, ciencia y ética, en sentido directo.

La definición de Bajtín es clarísima (aunque no exenta de
dificultades de comprensión para los no familiarizados con
el autor): «*El contenido de la actividad estética dirigida a
una obra de arte es el objeto del análisis estético.*» «*La
estructura de un objeto estético, en su distinción puramente artística, es lo que yo llamo* arquitectónica (architectonics) *de dicho objeto.*»[4]

Tal como describe magistralmente Holquist,[5] la noción
«arquitectónica» está indisolublemente unida a la de

dialogical theory of «conversing» (conversing) that presupposes intention of addressing, of communicating, not «individual,» but «social.» Therefore Bakhtin differs from Saussure, but also from Austin and gets closer to Humblot and Sapir.[6]

Within this general ambitious theoretical and philosophical frame, the work to carry out is immense, because architecture plays an exceptional part in Bakhtin's «architectonics.» Actually, and as I have detailed in my earlier works,[7] the chronotopic structure of architecture holds a specific and very relevant position in the general distribution of arts. In diagram I we can see this specific position, which is the sociophysical construction of a territory, where building and dwelling are linked chronotopically, and that Paul Ricoeur has analyzed very recently in great detail.[8]

We are facing a chronotope that is very different from the literary, analyzed by Bakhtin, and, however, we cannot avoid thinking that there is a necessary relation between the chronotopes of Bakhtinian «architectonics» and the architecture of our built world. Apart from my own writings, we find the work of Hymes on Heyduck[9] and, in the field of philosophy and literary theory, the excellent studies by Iris Zavala, Rita Messori, Agusto Pontio and Leónidas Tchertov: they are all part of this work, and I am very grateful for that. But it has hardly been applied to architecture, except for some relevant work that, as far as I know, has not been translated.

I will go deeper into that subject in future books,[10] but it is now necessary to consider the questions well in order to direct correctly several doctoral theses in preparation.[11]

The base of the work is written in this volume: we must observe how the interrelations between body and architecture have a chronotopic link, phenomenological, described by Bakhtin and theorized by Pierre Kaufmann,[12] Paul Ricoeur, Edmund Husserl and, I repeat, all the authors grouped here. Diagram I

«contestabilidad» («conversatilidad») (*answerability*), o sea, a la capacidad de dirigirse a alguien o a algo desde otro alguien u otro algo. Esta capacidad de «dirigirse a» (*to address*) es esencial en la teoría dialógica del «conversar» (*con-versar*) que presupone una intención de dirigirse, de comunicar, no «individual», sino «social.» Por tanto, Bajtín se aleja de Saussure, pero también de Austin, para acercarse más a Humbolt y a Sapir.[6]

Dentro de este ambicioso marco teórico y filosófico general, el trabajo a realizar es inmenso, puesto que la arquitectura ocupa un lugar de excepción en esta «arquitectónica» de Bajtín. En efecto, tal como he descrito en trabajos anteriores,[7] la estructura cronotópica de la arquitectura ocupa un lugar específico y muy relevante en la distribución general de las artes. En el diagrama I (p. 59) puede verse este lugar específico, que es el de la construcción sociofísica de un territorio, en el que construir y habitar se relacionan cronotópicamente, y que Paul Ricoeur ha analizado recientemente con gran agudeza.[8]

Estamos ante un cronotopo muy diferente del literario, analizado por Bajtín, y, no obstante, no podemos evitar pensar que existe una relación necesaria entre los cronotopos de la «arquitectónica» bajtiniana y la arquitectura de nuestro mundo construido. Además de mis escritos, existe el trabajo de Hymes sobre Heyduck[9] y, en el campo de la filosofía y de la teoría literaria, los excelentes estudios de Iris Zavala, Rita Messori, Augusto Ponzio y Leónidas Tchertov: todos ellos forman parte de este trabajo, y se lo agradezco sinceramente. Pero en lo relativo a las aplicaciones a la arquitectura, fuera de alguna obra relevante, que no me consta que se haya traducido, no existen precedentes con suficiente entidad.

Propongo profundizar en ello en próximos libros,[10] pero ahora es preciso plantearse bien las preguntas para orientar correctamente varias tesis doctorales en curso.[11]

expresses this triple nature of the relations between body and place that articulates design, building and social use in one same chronotopic structure between reality and representation of sociophysical space-time. In volume 4 of this same series of Arquitectonics, when dealing with the hermeneutical dimensions of architectural space-time, I did a reading of the three transparencies of the architectural object as a test on the «truth,» or intelligibility, of architecture that can be analyzed from the perspective of «looking» that interlaces the three «times» of built space: cosmic, mental and social-historic time. It is, then, a «looking» that matches with a common looking in the same way that it does through an architecture.

But Bakhtin himself has persistent doubts about the chronotopic possibilities of art with no «explicit heroes» (that is, implicit authors) in its know-how. Bakhtin refers to, as I said, sculpture and architecture. However, he himself gives the answer (truly very succinct) when referring to two essential cases: to nature as a reference of romantic arts (and here we see his connection with Kant and his mechanic bird that is undistinguishable from a real bird in its singing), and the notion of «potential hero» (explicit author).

As always these enigmatic hints are very astute, as is usual in Bakhtin. The first one takes us to a gradation between nature and technology through which the artistic author identifies with a tree and a sunset, etc. turning the «hero» (or the work's aesthetical subject) into nature itself. However, as in written lyrics, Bakhtin warns that, if there is art, there must be dialogical (and chronotopic) distance between the perception of the body and a tree and the representation that is used of this tree in painting, in sculpture, etc., and that the tree itself as aesthetical experience will always involve these representations. Moreover, the introduction of a «potential hero» means a structural inversion in the «architectonics» of aesthetical communication. This inversion is essential when comparing architecture

La base del trabajo está escrita en este volumen: se trata de ver cómo las relaciones entre el cuerpo y la arquitectura tienen una relación cronotópica, fenomenológica, descrita por Bajtín y teorizada por Pierre Kaufmann,[12] Paul Ricoeur, Edmund Husserl y todos los autores aquí citados. El diagrama I expresa esta triple naturaleza de las relaciones entre cuerpo y lugar que articula el proyecto, la construcción y el uso social en una misma estructura cronotópica entre realidad y representación del espacio-tiempo sociofísico. En el volumen 4 de esta misma colección ARQUITECTONICS, al tratar sobre las dimensiones hermenéuticas del espacio-tiempo arquitectónico, hice una lectura de las tres transparencias del objeto arquitectónico, a modo de ensayo sobre la «verdad», o la inteligibilidad, de la arquitectura que puede analizarse desde la perspectiva de un «mirar» que entrecruza los tres «tiempos» del espacio construido: el tiempo cósmico, el mental y el histórico-social. Es, pues, un «*mirar*» que se corresponde con un mirar común, de la misma manera que lo hace a través de una arquitectura.

Pero, subsisten las dudas del propio Bajtín acerca de las posibilidades cronotópicas de artes que no tienen «héroes explícitos» (es decir, autores implícitos) en su saber hacer. Bajtín cita, como decía, la escultura y la arquitectura. Sin embargo, él mismo da la respuesta (muy escueta, ciertamente) al referirse a dos asuntos esenciales: a la naturaleza como referencia del arte romántico (y aquí se ve su conexión con Kant y su pájaro mecánico, indiscernible del pájaro real en su canto) y a la noción de «héroe potencial» (autor explícito).

Como siempre, estas pistas enigmáticas son muy astutas, como es habitual en Bajtín. La primera nos lleva a una gradación entre naturaleza y técnica a través de la cual el creador artístico se identifica con el árbol y la puesta del sol etc., convirtiendo al «héroe» (o sujeto estético de la obra) en la propia naturaleza. Sin embargo, como en la lírica escrita, Bajtín advierte que, si hay arte, ha de haber distancia dialógica (y cronotópica) entre la percep-

and literature, and, I believe that L. Tchertov is the author that best has grasped the enormous content of this fundamental semiotic inversion between space and time, represented in diagram II through the diagonal between literature and architecture.[13]

Not in vain G. Lukacs, an author also interested in the nature of the aesthetic, placed, in the sixties, architecture, in the «liminal» dimensions of the aesthetic, that is, on the limit.[14]

The point is to define in poetics of architecture the game between author-creator, subject of the built object and subject-user, a triple game that Bakhtin always maintains in his «architectonics,» but that functions «in ausentia» in architecture itself. Effectively, in the (aesthetical) space-time of architecture the subject-user is author and spectator at the same time, as is also the architect as author-creator and subject behind the built object.

On the other hand, as the context is «like a mould,» this scientific negativity is transformed into the aesthetic base, positive, of an experience of architectural space.

This situation should not eliminate, as Bakhtin indicates, the existence of a dialogical distance, because, as he reminds us, in analogous situations in literature (lyrics, language that imagines another language, etc.) the «potential hero» in a work of art generates also in the spectator, user, listener of music, etc. a very precise aesthetical «architectural,» dialogical and chronotopic effect, even though there does not exist a «present hero» (that is, fiction characters represented aesthetically as in novel or figurative painting). Moreover, Bakhtin warns of the difficulty to establish genres (epics, novel, etc.) in those arts with «potential heroes» or that, with his words, «attempt to break the shell of the object of their aesthetical vision» (vision in the sense of «looking» as previously described). I think Bakhtin (together with Kaufmann, Paul

ción del cuerpo y un árbol, y la representación que se realice de este árbol en pintura, en escultura, etc., y que el propio árbol, como experiencia estética, estará siempre mediado por estas representaciones. Pero hay más; la introducción de un «héroe potencial» da como resultado una inversión estructural en la «arquitectónica» de la comunicación estética. Esta inversión es esencial al comparar arquitectura y literatura –y creo que es L. Tchertov el autor que mejor ha captado el enorme contenido de esta inversión semiótica fundamental entre espacio y tiempo, representada en el diagrama II (p. 59) a través de la diagonal entre literatura y arquitectura.[13]

No en vano un autor también interesado en la naturaleza de lo estético, G. Lukacs, en los años sesenta del siglo XX situó a la arquitectura en las dimensiones «liminares» de lo estético, o sea, en el límite.[14]

Se trata de definir, en la poética de la arquitectura, el juego entre autor-creador, sujeto del objeto construido y sujeto-usuario, triple juego que Bajtín mantiene siempre en su «arquitectónica», pero que en la arquitectura propiamente dicha funciona *in ausentia*. En efecto, en el espacio-tiempo (estético) de la arquitectura, el sujeto-usuario es autor y espectador al mismo tiempo, como lo es también el arquitecto, como autor-creador, y el sujeto tras el objeto construido.

Por otro lado, al ser el contexto «como un molde», esta negatividad científica se transforma en la base estética, positiva, de una experiencia del espacio arquitectónico.

Esta situación no debería eliminar, como indica Bajtín, la existencia de una distancia dialógica ya que, como él nos recuerda, en situaciones análogas en literatura (lírica, lenguaje que se imagina otro lenguaje, etc.), el «héroe potencial» en una obra de arte produce también en el espectador, en el usuario, en el oyente de la música, etc., un efecto estético «arquitectónico», dialógico y cronotópico, bien preciso, a pesar de que no exista «héroe

Ricoeur, etc.) leads us onto the right path: *between* the architect (and the design), the built object (and its intelligibility with its potential, imaginary heroes), and the used object (and its users spectators of themselves, reflected in the object), a hermeneutical (Paul Ricoeur) and dialogic(Mikhail Bakhtin) articulation is established that should be analyzed from a specific chronotopic structure of architecture as singular dimension of the «architectonics» of global Bakhtinian aesthetics.

I think the article by Rita Messori included here on «Memory and Inscription» will be useful, both as a conclusion of the volume of Arquitectonics on «Architecture and Hermeneutics» (number 4), and as a first step, hermeneutic, towards the understanding of the enormous philosophical base that dialogics can offer to a new theory and practice in contemporary architecture. If the notion of «chronotope» is placed in the same core of that crossing, space-temporal, between lived space and lived time, in its cosmic dimension and in its social and historic dimension at the same time, we have in diagram II the opposition between story and architecture as one of the basic contrapositions between reality and ideality in human life, however not the only one. And, moreover, we continue to have in sociocultural reciprocity of each culture a kind of «chart» in the ocean of possible chronotopes, in a vital intertextuality of our destiny ... And now we could reread Aristotle's introduction of poetics, to discover that, really, two-thousand years have not been much. Even the possibility that the objects are the ones to transmit events, recognition and «catharsis,» and not the subjects and their actions, was already foreseen by Aristotle.

Is Le Corbusier chronotopic?

If to mention paradigmatic author-creators in architecture Le Corbusier is one of them, and he did not exactly become famous due to his dialogical studies, but more

actual» (o sea, personajes de ficción representados estéticamente como en la novela o en la pintura figurativa). Es más Bajtín advierte de la dificultad de establecer géneros (épica, novela, etc.) en estos artes con «héroes potenciales» o, en sus palabras, que «*intentan romper la cáscara del objeto de su visión estética*» (visión en el sentido del «mirar» descrito anteriormente). Yo creo que Bajtín nos coloca (con Kaufmann, Paul Ricoeur, etc.) en el buen camino: *entre el arquitecto (y el proyecto), el objeto construido (y su inteligibilidad con sus héroes potenciales, imaginarios) y el objeto usado (y sus usuarios espectadores de ellos mismos, reflejados en el objeto), se establece una articulación hermenéutica (Paul Ricoeur) y dialógica (Mijail Bajtín) que debe analizarse desde una estructura cronotópica específica de la arquitectura como dimensión singular de la «arquitectónica» de la estética global bajtiniana.*

El artículo de Rita Messori, aquí incluido, sobre «Memoria e inscripción», creo que sirve a la vez como conclusión del número 4 de ARQUITECTONICS sobre «Arquitectura y hermenéutica,» (el n° 4) y como primer paso, hermenéutico, para comprender la enorme base filosófica que la dialogía puede ofrecer a una nueva teoría y práctica en la arquitectura contemporánea. Si se sitúa la noción de «cronotopo» en el corazón mismo del cruce espaciotemporal entre espacio vivido y tiempo vivido, a la vez en su dimensión cósmica y en su dimensión social e histórica, tenemos en el diagrama II (p. 59) la oposición entre relato y arquitectura como una de las contraposiciones básicas entre realidad e idealidad en la vida humana, aunque no la única. Y, además, seguimos teniendo en la reciprocidad sociocultural propia de cada cultura una especie de «carta de navegación» en el profundo mar de cronotopos posibles, bajo una intertextualidad vital de nuestro destino... Y ahora podríamos releer la introducción de la poética de Aristóteles, para darnos cuenta de que, en el fondo, dos mil años han aportado muy poca cosa. Incluso la posibilidad de que sean los objetos los que transmitan la peripecia, el reconocimiento y la

because of his analysis from a stance that arts for art's sake, architecture for architecture's sake, and not for «architecture.»

However, two recent doctoral[15] theses manage to change the position of the author of La recherché patiente *in history of architectural aesthetics. Contrary to what has been said, Le Corbusier established with clarity some bases of architecture compatible with the bases of dialogical-social «architecture,» although in a very hermetic and enigmatic manner, as in his unsuccessful exhibition in Paris in 1953 on his «oeuvres plastiques.» It was unsuccessful because nobody understood his message, not even the politicians, who left him alone at the opening ceremony, not even the critics.[16]*

Le Corbusier dedicated many hours to reflecting on creativity, and this exhibition was an admirable proof of his profound vision, chronotopic, on arts in general and on architecture in particular. In diagram III I have grouped some points and phrases included in the preparatory schemes of the exhibition that prove his intentions.

The enigmatic notes of Le Corbusier are very explicit, however, he characterizes the creative process in architecture as a poetic process that is totally interlaced with the parallel process in any art, as indicated diagram II. Moreover, he gives hints of a «game» through which objects are manipulated in their context to produce life and new energy, and yes, based on the familiar, and not on the unknown. The possibilities of relating these enigmatic notes with the poetic catastrophes of Aristotle are evident, even though he does not write catastrophes, but lightening.

Likewise, the thesis of Pablo Ocampo,[17] defines Le Corbusier, author, as a tightrope walker, which is how he describes himself. Is it a space-temporal metaphor of the «potential hero» that hides in architecture? It could be, because the tightrope walker in his precarious balance transmits to the

«catarsis», y no los sujetos y sus acciones, ya estaba prevista por Aristóteles.

¿Le Corbusier, cronotópico?

Si existen autores-creadores paradigmáticos en arquitectura, Le Corbusier es uno de ellos, que no se distinguió justamente por haber tenido estudios dialógicos, sino más bien análisis desde una postura del arte por el arte, la arquitectura por la arquitectura, y no por la «arquitectónica.»

Sin embargo, dos tesis doctorales recientes[15] consiguen modificar el lugar que ocupa el autor de *La recherche patiente* en la historia de la estética arquitectónica. Contra lo que se ha insistido, Le Corbusier estableció con claridad unas bases de la arquitectura compatibles con las bases de una «arquitectura» dialógico-social, aunque de una forma muy hermética y enigmática, como en su fracasada exposición en París en 1953 de sus «*oeuvres plastiques*». Fracasada porque nadie entendió su mensaje, ni los políticos, que lo dejaron sólo en la inauguración, ni los críticos.[16]

Le Corbusier dedicó muchas horas a reflexionar sobre la creatividad, y aquella exposición era una muestra admirable de su profunda visión (cronotópica) sobre las artes en general y la arquitectura en particular. He agrupado en el diagrama III (p. 61) algunos aspectos y frases incluidos en los esquemas preparatorios de la exposición, que demuestran sus intenciones.

Las notas enigmáticas de Le Corbusier son muy explícitas; sin embargo, caracteriza el proceso creador en arquitectura como proceso poético totalmente unido al proceso paralelo en cualquier arte, como indicaba el diagrama II. Además, da pistas de un «juego» a través del cual se manipulan los objetos en su contexto para producir vida y energía nueva, eso sí, a partir de *lo familiar*, no de lo desconocido. Las posibilidades de relacio-

spectator a well defined dialogical-aesthetical message of «falling-or-not-falling» that Le Corbusier aims to transfer to objects through his own tightrope walking in sociophysical space-time.

Architecture is not a circus, but undoubtedly also here we find stimulating chronotopic analogies, as prove the excellent works by Paul Bouissac.[18]

Architecture and Dialogy

We are at the beginning of a long path, a long path that must lead the theory of architecture (and its practice) out of a cultural lethargy that has lasted now for thirty years. We are so far away from a Le Corbusier that spent half his time reflecting, alone, in his aesthetical bubble, in his recherché patiente!

The practice of architecture should follow the imperatives of politics, economics, etc. But in research we can imagine new sociophysical scenes as aimed Le Corbusier. This attempt I will place very specially in the dialogical sphere that Bakhtin describes with his proverbial astuteness: «the scene of a potential hero that aims to crack the shell of the object of his aesthetical vision» (vision shall here be understood, I repeat, as something comparable to his «architectonics.»)

If this dialogical effort is not made, and that requires time and space, and money, architecture will not exit its paralyzing and paralyzed engrossment. I hope this volume of Arquitectonics be useful as a chronotopic gate to the future, because, always according to Bakhtin, nothing can be analyzed by our mind without passing through the gate of the chronotope:

«In conclusion we should touch upon one more important problem, that of the boundaries of chronotopic analysis. Science, art and literature also involve semantic elements that are not subject to temporal and spatial determinations.

nar estas notas enigmáticas con las catástrofes poéticas de Aristóteles son evidentes, aunque él no escriba catástrofes, sino relámpagos.

Igualmente, la tesis de Pablo Ocampo[17] nos define un Le Corbusier autor como «funámbulo», que es como él mismo se define. ¿Metáfora espaciotemporal del «héroe potencial» que se esconde en la arquitectura? Podría ser, ya que el «funambulista», en su precario equilibrio transmite al espectador un mensaje dialógico-estético bien definido de «caer-o-no-caer» que Le Corbusier intenta transferir a los objetos a través de su propio funambulismo en el espacio-tiempo sociofísico.

La arquitectura no es un circo, pero no hay duda de que existen también aquí analogías cronotópicas estimulantes, como lo demuestran las obras, excelentes, de Paul Bouissac [18]

Arquitectura y dialogía

Estamos en el inicio de un largo camino, un largo camino que ha de sacar a la teoría de la arquitectura (y a su práctica) de un letargo cultural de hace ya treinta años. ¡Qué lejos estamos de un Le Corbusier que empleaba la mitad de su tiempo en reflexionar, solo, en su burbuja estética, en su recherche patiente!

La práctica de la arquitectura debe seguir los imperativos de la política, de la economía, etc. Pero la investigación puede imaginar nuevos escenarios sociofísicos como Le Corbusier intentó. Este intento yo lo encuadro muy especialmente en el escenario dialógico que Bajtín describe con su proverbial astucia: «el escenario de un héroe potencial que trata de romper la cáscara del objeto de su visión estética» (entiéndase aquí, visión, como hemos dicho, como algo equiparable a su «arquitectónica»).

Si no se realiza este esfuerzo dialógico, que requiere tiempo y espacio, y dinero, la arquitectura no saldrá de su ensi-

Of such a sort, for instance, are all mathematical concepts: we make use of them for measuring spatial and temporal phenomena but they themselves have no intrinsic spatial and temporal determinations; they are the object of our abstract cognition. They are an abstract and conceptual figuration indispensable for the formalization and strict scientific study of many concrete phenomena. But meanings exist not only in abstract cognition, they exist in artistic thought as well. These artistic meanings are likewise not subject to temporal and spatial determinations. We somehow manage however to endow all phenomena with meaning, that is, we incorporate them not only into the sphere of spatial and temporal existence but also into a semantic sphere. This process of assigning meaning also involves some assigning of value. But questions concerning the form that existence assumes in this sphere, and the nature and form of the evaluations that give sense to existence, are purely philosophical (although not, of course, metaphysical) and we will not engage them here. For us the following is important: whatever these meanings turn out to be, in order to enter our experience (which is social experience) they must take on the form of a sign that is audible and visible for us (a hieroglyph, a mathematical formula, a verbal or linguistic expression, a sketch, etc.). Without such temporal-spatial expression, even abstract thought is impossible. Consequently, every entry into the sphere of meanings is accomplished only through the gates of the chronotope.»[19]

From this text of Bakhtin we gather another metaphor on what the dialogical structure of architecture is. Effectively, if mathematical geometric, with its proportions and laws of growth seems at first sight the final point of our journey, we have seen with Ricoeur, with Bakhtin and with Le Corbusier that their «construction» (plastic, according to Le Corbusier) reintroduces us to the

mismamiento paralizante y paralizado. Sirva este volumen de ARQUITECTONICS de puerta cronotópica hacia el futuro, ya que, siempre según Bajtín, no hay nada que pueda analizarse por nuestra mente sin pasar por la puerta (*gate*) del cronotopo.

Por tanto:

«En conclusión, tendríamos que abordar otro problema importante, el de los límites del análisis cronotópico. En la ciencia, el arte y la literatura también están implicados elementos *semánticos* que no están sujetos a determinaciones temporales y espaciales. De este tipo, por ejemplo, son todos los conceptos matemáticos: los utilizamos para medir fenómenos espaciales y temporales, pero por sí mismos no presentan determinaciones intrínsecas espaciales y temporales de ningún tipo; son el objeto de nuestra cognición abstracta. Son una figuración abstracta y conceptual indispensable para la formalización y el estudio científico estricto de muchos fenómenos concretos. Pero los significados no sólo existen en la cognición abstracta, sino también en el pensamiento artístico. Estos significados artísticos tampoco están sujetos a determinaciones temporales y espaciales. Sin embargo, procuramos, de alguna manera, dotar a todos los fenómenos de significado, es decir, los incorporamos no solamente en la esfera de la existencia espacial y temporal, sino también en el campo semántico. Este proceso de señalar un significado también implica alguna indicación de valor. Pero las preguntas sobre la forma que asume la existencia en este ámbito, y la naturaleza y la forma de las evaluaciones que dan sentido a la existencia, son puramente filosóficas (aunque no, desde luego, metafísicas), y no las trataremos aquí. Para nosotros, lo siguiente es importante: lleguen a lo que lleguen a ser estos significados, para que entren en nuestra experiencia (que es experiencia social) han de tomar la *forma de un signo* que sea audible y

social world of meaning between subjects and objects, and prevents us from going back to a kind of original and geometric Big-Bang, the raison d'être of architecture. The big game is the hide-and-seek game, but we cannot play hide-and-seek in the real world, only with geometry. But this will be a subject for a new volume of Architectonics.

NOTES

1. Only the quote, together with sculpture and painting, as counterpoint to literature.
2. See appendix I, list of doctoral theses, defended or in preparation that somehow owe some of their achievements to Bakhtin.
3. My next book: Las formas del tiempo: arquitectura, educación y sociedad.
4. In Art and Answerability
5. In the Introduction op.cit. 5.
6. See Introduction op.cit. 5.
7. International Congress of Semiotic Studies. Lyon, 2004, my article "Architecture as a Thinking Matter."
8. See number 4 of this same Arquitectonics series.
9. It is an approach to the carnivalesque possibility of the architecture of Heyduck.
10. Op.cit. note 3.
11. See appendix I in this volume.
12. The book of Kaufmann continue to be irreplaceable.
13. See Leonid Tchertov: "Spatial Semiosis in Culture." Sign Systems Studies. 30.02.2002.
14. I refer to his outstanding book Aesthetics, in Spanish Estética, published by Editorial Grijalbo and translated by José Sacristán.
15. See appendix I.
16. See thesis by Andrea Ortega.
17. See appendix I.
18. Bouissac, Paul: He has excellent analyses on semiotics of circus and space.
19. M. Bakhtin: Dialogical Imagination, (page 257). Texas University Press. 1981.

visible para nosotros (un jeroglífico, una formula matemática, una expresión verbal o lingüística, un dibujo, etc.). Sin estas expresiones espaciotemporales, hasta el pensamiento abstracto es imposible. En consecuencia, cada entrada en la esfera de los significados se logra sólo a través de las puertas (*gates*) del cronotopo.[19]

De estas frases de Bajtín se desprende una metáfora más de lo que es la estructura dialógica de la arquitectura. En efecto, si la geometría matematizada, con sus proporciones y leyes de crecimiento, parece a primera vista el punto final de nuestro recorrido, hemos visto con Ricoeur, con Bajtín y con Le Corbusier que su «construcción» (plástica, según Le Corbusier) nos reintroduce en el mundo social de la significación entre sujetos y objetos, y nos impide retrotraernos a una especie de bing-bang originario y geométrico, la razón de ser de la arquitectura. El gran juego es un juego del escondite, pero no se puede jugar al escondite en el mundo real; solamente con la geometría. Pero éste será un tema para un próximo número de ARQUITECTONICS.

NOTAS

1. Solamente la cita, junta a la escultura y la pintura, como contrapunto a la literatura.
2. Véase en el anexo I, la lista de tesis doctorales, leídas o en curso, que, de un modo u otro, deben a Bajtín parte de sus logros.
3. Mi próximo libro: *Las formas del tiempo: arquitectura, educación y sociedad.*
4. En Art and Answerability, p. 267, Texas University Press, 1990.
5. Ibíd., op. cit., 5.
6. Ver Introducción, op. cit,. 5.
7. International Congress of Semiotic Studies, Lyon, 2004. Mi artículo se titulaba «Architecture as Thinking Matter».
8. Véase el n. 4 de esta misma colección ARQUITECTONICS.
9. Es una aproximación a la posibilidad carnavalesca de la arquitectura de Heyduck.
10. Op.cit, nota 3.
11. Véase anexo I en este volumen.
12. El libro de Kaufmann sigue siendo insustituible.
13. Véase Leonid Tchertov, «Spatial Semiosis in Culture», *Sign Systems Studies,* 30 de febrero de 2002.
14. Me refiero a su clásico libro *Estética,* publicado por Editorial Grijalbo y traducido por José Sacristán.
15. Véase anexo I.
16. Véase la tesis de Andrea Ortega.

17. Véase anexo I.
18. Paul Bouissac tiene excelentes análisis de la semiótica del circo y del espacio.
19. M. Bajtín, *Dialogical Imagination*, p. 257, Texas University Press, 1981

Diagram I: *The triple nature of the social-physical chrono-tope*

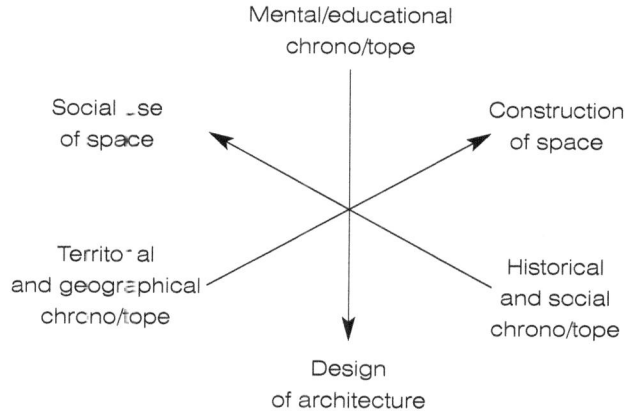

Mental/educational
chrono/tope

Social use
of space

Construction
of space

Territorial
and geographical
chrono/tope

Historical
and social
chrono/tope

Design
of architecture

Diagram II: *Chronotopic Structure of Intersubjective and Intertextual Communication*

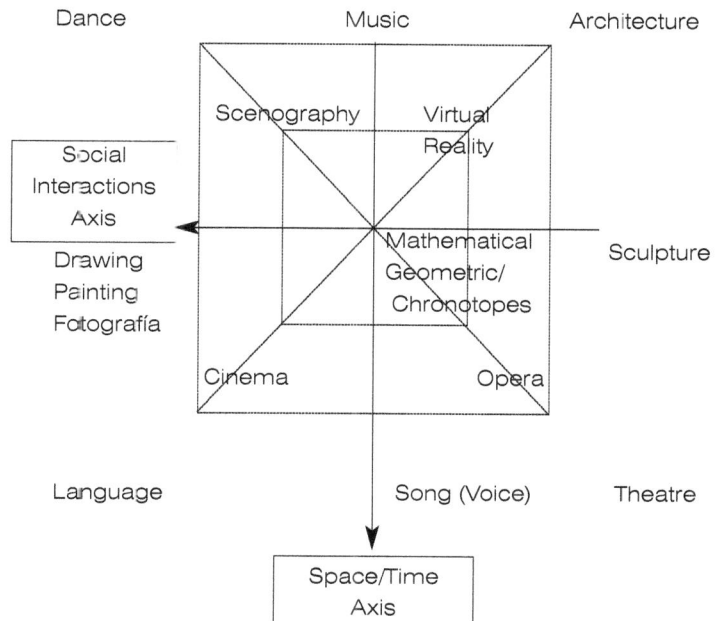

Dance   Music   Architecture

Scenography   Virtual Reality

Social
Interactions
Axis

Drawing
Painting
Fotografía

Mathematical
Geometric/
Chronotopes

Sculpture

Cinema   Opera

Language   Song (Voice)   Theatre

Space/Time
Axis

Diagrama I: *La triple naturaleza del cronotopo socio-físico*

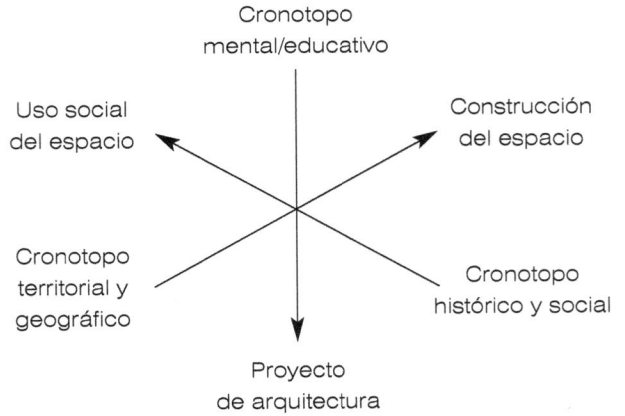

Cronotopo
mental/educativo

Uso social
del espacio

Construcción
del espacio

Cronotopo
territorial y
geográfico

Cronotopo
histórico y social

Proyecto
de arquitectura

Diagrama II: *Estructura cronotópica de la comunicación intersubjectiva y intertextual*

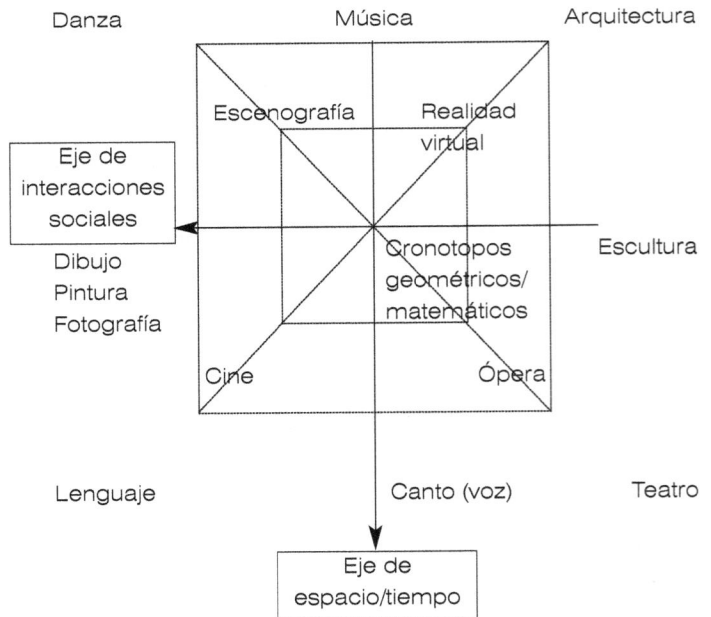

Danza   Música   Arquitectura

Escenografía   Realidad
virtual

Eje de
interacciones
sociales

Dibujo
Pintura
Fotografía

Cronotopos
geométricos/
matemáticos

Escultura

Cine   Ópera

Lenguaje   Canto (voz)   Teatro

Eje de
espacio/tiempo

Diagram III: *Genesis of the Chronotopic Structures in the Configuration of Architectural Forms According to Le Corbusier*

a) Poetics is one. (From the notes of the Exhibition in 1953, in Paris).

«*There are no sole sculptors, or sole painters, or sole architects: the plastic happening is realized through a one-form in the service of poetry.*»

«*Since 1927, every morning, from 9 am to 1 pm I've been a poet in the search for this unique form.*»

b) The indications of the structure of this plastic happening.

«*This happening is the Big Game.*» (Gran jeu).
This «game,» that composes the exhibition in 1953 is made up of: a board, the pieces, the rules, the keys, and the indications.

He adds: «*The game (of the exhibition) is correct. It was me who invited to the feast. Nobody came. I'm not the one who loses, because the game has been played with correctness. The game is exact. If they (the politicians) are satisfied, we are even more.*»

c) The hints of the game.

«*Try (to the visitors at the exhibition) to look at the images upside down, or mentally turn them _ around and*: you will discover the game» (the trick).

«*A drawing is like a scenography that hides or not the keys of what it represents.*»

d) Some rules.

«*The happening of the (architectural) form is elaborated by signs that must be familiar, recognizable, in a first observation, to the visitor.*»

Diagrama III: *Génesis de las estructuras cronotópicas en la configuración de las formas arquitectónicas según Le Corbusier*

a) La poética es una. (De las notas de la Exposición de París en 1953)

«*No existen escultores solos, ni pintores solos, ni arquitectos solos: el acontecimiento plástico se realiza a través de una forma única al servicio de la poesía.*»

«*Desde 1927, cada mañana, de 9 a 13 h, yo he sido un poeta en busca de esta forma única.*»

b) Los indicios de la estructura de este acontecimiento plástico

«*Este acontecimiento es el Gran Juego.*» (Grand Jeu).

Este «juego», que conforma la Exposición de 1953, esta formado por un tablero, las piezas, las reglas, las claves y los indicios.

Añade: «*El juego (de la exposición) es correcto. Era yo el que invitaba al banquete. No ha venido nadie. No soy yo el que pierde, porque la partida se ha jugado con corrección. El juego es exacto. Si ellos (los políticos) están contentos, nosotros todavía lo estamos más.*»

c) Las pistas del juego

«*Intentad (a los visitantes a la exposición) mirar las imágenes al revés, o bien girarlas mentalmente 1/4 de vuelta y: Descubriréis el juego*» (el truco).

«*El dibujo es como una escenografía que oculta o no las claves de lo que representa.*»

«The author establishes the rules of the big game. The creative lightning is the result of his confrontation.»

«Cosmic time, its rhythms, the sun, coming and returning, meanders and geometry as confrontation.» (From the poem of the right angle).

d) Algunas reglas

«El acontecimiento de la forma (arquitectónica) está elaborado por signos que han de ser familiares, reconocibles, en una primera observación, por el visitante.»

«El autor crea las reglas del gran juego. El relámpago creador es el resultado de su confrontación.»

«El tiempo cósmico, sus ritmos, el sol, ir y volver, meandros y la geometría como confrontación.» (Del poema del ángulo recto).

Tesis doctorales ya leídas, relacionadas con la dimensión diálogica de la arquitectura (desde 1990)

Autor: Domínguez Moreno, Luis Ángel

Título de la tesis: Alvar Aalto. Pabellones, ferias y exposiciones. La metáfora como lugar

Año: 2000

Director: Muntañola Thornberg, Josep

Centro: Escola Tècnica Superior d'Arquitectura, UPC

Descripción: El objetivo de la tesis es mostrar una actitud frente al proyecto arquitectónico que haga posible que la obra de arquitectura establezca una relación dialógica en su interpretación del entorno natural, social y cultural; que esté dotada de contenido poético y, además, que sea capaz de asimilar y transmitir la cultura de las distintas comunidades, anteponiendo siempre, en la obra final, los valores del ser humano a cualesquiera otros como condición intrínseca e indisociable de la propia finalidad o razón de ser de la obra arquitectónica. Aalto evidencia con su trabajo, el abandono de los estilos y las servitudes dogmáticas (presentes en cualquier época) y, por el contrario, nos descubre el encuentro de una rica interacción específica (dia ógica) entre proyecto y contexto, y así logra crear obras de altísima categoría poética, capaces de contener múltiples registros culturales y valores específicos de la relación hombre-arquitectura, que servirán como paradigma imprescindible en la educación y el aprendzaje de la arquitectura actual
Otras referencias: Domínguez, Luis Ángel: «Alvar Aalto, una arquitectura dialógica», *Arquitectonics, Mind, Land & Society*, nº 6, Edicions UPC, 2003.
Autor: Zárate Marsili, Marcelo

Título de la tesis: Perspectivas cognoscitivas y proyectuales posibles para un urbanismo ambiental alternativo

Año: 2001

Director: Muntañola Thornberg, Josep

Centro: Escola Tècnica Superior d'Arquitectura, UPC

Descripción: El objetivo general que aquí se propone es explorar la viabilidad de una estrategia metodológica analítica-proyectual pertinente al campo de un urbanismo ambiental alternativo, como forma posible de articulación interdisciplinaria entre aspectos ecológicos y sociomorfológicos, con el propósito de realizar una aportación teórica al proceso de revisión actual que supone para esta disciplina la incorporación del paradigma ambiental. En la segunda parte, la tesis presenta un modo posible de operacionalizar la estrategia metodológica principal desarrollada en su propuesta teórica.

Otras referencias: bibliotecnica.upc.es/bib210/colleccions/Tesis%20ETSAB%20fins%20gener%202005.pdf

Autora: Cevedlo, Mónica

Título de la Tesis: Vivienda y género

Año: 2002

Director: Muntañola Thornberg, Josep

Centro: Escola Tècnica Superior d'Arquitectura, UPC

Descripción: Esta investigación se plantea una reflexión crítica sobre la concepción androcéntrica dominante en la historia de la arquitectura occidental. Para ello, cuenta con la colaboración de tres mujeres que habitan en mí, la Mujer Arquitecta, la Mujer Política y la Mujer Feminista. Esta tesis trata de combatir la pasividad y el silencio impuestos a las mujeres, con la intención de destruir «ideológicamente» el lugar y espacio que éstas ocupan. Lugar impuesto con un proceso ideológico transmitido por los hombres a la humanidad, a través de la cultura, el arte, la arquitectura. Es importante la crítica, que no debe aspirar sólo al logro de un mayor bienestar para la mujer sino a redefinir el rol de la misma en la sociedad.

Otras referencias: Cevedio, Mónica: *Arquitectura y género: espacio público/espacio privado.* Barcelona: Icaria, 2003

Autor: Zúquete Canto Moniz, Ricardo José

Título de la tesis: Ensaios sobre habitação social. Portugal. Una análise dialógica

Año: 2000

Director: Muntañola Thornberg, Josep

Centro: Escola Tècnica Superior d'Arquitectura, UPC

Descripción: Índice:/Cap. 0: Prólogo/Cap. 1: Anos Preâmbulares 38/48/Cap. 2: Primeiros anos 48/61. Casos de estudo: Bairro das Estacas, Lisboa, Arqtos. Ruy Jervis d'Authouguia e Formosinho Sanchez, 1949, e Torre Olivais Norte, Lisboa. Arqtos. Teotónio Pereira, Antonio Freitas e Nuno Portas, 1958/Cap. 3: Anos de Realizaçao 60/74. Caso de estudo: Cinco Dedos, Chelas-Lisboa. Arqto. Vitor Figueireco, 1973/Cap. 4: Anos de revoluçao 74/76. Caso de estuco: Saal/Norte-Bouça, Porto. Arqto. Alvaro Siza, 1975-77/Cap. 5: Epilogo 1976/80. Caso de estudo: Malagueira, Evora. Arqto. Alvaro Siza, 1977-2000.

Autor: Pirillo Cartucia, Claudio

Título de la tesis: La sombra del oficio: la Casa Currutchet-Le Corbusier

Año: 2005

Director: Muntañola Thornberg, Josep

Centro: Escola Tècnica Superior d'Arquitectura, UPC

Descripción: ¿Cómo, cuándo y con qué elementos la Casa Curruchet logra ser una obra plástica moderna? Primera parte: es el estudio en detalle de los croquis, realizados sobre la Casa Curruchet entre el 2 de febrero de 1949 y hasta el 29 de abril de 1949. El papel sobre el cual fueron realizados el lugar físico y el trazo, con una técnica elegida, marca el momento. Todos los bocetos fueron realizados en el despacho 35 Rue de Serve, en París. Segunda parte: estudio del espacio o escenas de la Casa Curruchet, y la relación con la obra completa. Se identifica si la escena tiene relación con el entorno físico cultural del sitio y la relación con el pensamiento del autor, el cual es formado por la experiencia de su vida, la etapa de formación, sus viajes, sus obras plásticas, etc. Tercera parte: estudio del espacio o escena realizado por Le Corbusier en la Casa Curruchet y su relación con el texto «espacio indecible» realizado en la misma etapa del autor. (Resumen del autor).

Autor: Ocampo Falla, Pablo Felipe

Título de la tesis: La presencia de las instituciones en el paisaje. El Capitolio de Chandigarth, la última de las...

Año: 2000
Director: Bru i Bistuer, Eduard

Centro: Escola Tècnica Superior d'Arquitectura, UPC

Descripción: Para Le Corbusier, la presencia del Capitolio de Chandigarth en medio de la llanura del Punjab es, ante todo, un problema de exactitud. Ya sea a través de la precisión con que la *mécanique spirituelle* del Palacio de la Asamblea representa una unidad motriz termodinámica, o a través de la precisión con que la medida de l'*espace indicible* contiene la explanada ante la extensión del Himalaya. Pero, en ambos cálculos, la certeza de Le Corbusier no se basa en parámetros racionales, sino paradójicamente en la exactitud del acróbata, el cual como él mismo afirma, realiza extraordinarios movimientos de infinita dificultad, con disciplina, exactitud y precisión, consciente de que el más mínimo error de medida coincide con el final del espectáculo

Autor: Soria López, Francisco Javier

Título de la tesis: Arquitectura y naturaleza a finales del siglo xx (1980-2000). Una aproximación diálogica para el diseño sostenible en arquitectura.

Año: 2004

Director: Domínguez Moreno, Luis Ángel

Centro: Escola Tècnica Superior d'Arquitectura, UPC

Descripción: Esta tesis investiga el viejo y polémico encuentro entre el entorno construido y el natural. Propone que el rol de la arquitectura es relacionar físicamente, pero también culturalmente, el hombre y la naturaleza, y asume la convicción, que la percepción intangible y la interacción del hombre con la naturaleza, en una forma poética, simbólica y abstracta, son tan importantes como la necesidad de conservar todo su potencial biofísico. Asumiendo que el diseño de la arquitectura sostenible está dominado por parámetros ecológicos, así como por el paradigma tecnológico, la hipótesis central establece que una aproximación dialógica al proceso de diseño relaciona las condiciones naturales (físicas y tangibles) con los factores humanos (subjetivos e intangibles) en un nivel adecuado, ambos concebidos como necesidades culturales, indispensables para obtener una arquitectura sostenible para el presente, así como para el futuro.

www.ingramcontent.com/pod-product-compliance
Lightning Source LLC
Chambersburg PA
CBHW081544040426

42448CB00015B/3219